중국특선 명요리

中國特選名料理

저자 | 최송산

도서출판 효 일
www.hyoilbooks.com

중국특선명요리

一. 中國菜点的特色
중국요리의 특징

(一) 중국요리의 역사 및 유래

중국요리의 탄생과 역사는 중국문명사와 같이 발달해온 동기라고 할 수 있다. 5,000년 전부터 중국에서는 벌써 烤肉[kǎo ròu](고기구이), 烤魚[kǎo yú](생선구이), 羹湯[gēng tāng](죽, 탕)이 출연하였다. 그래서 商 · 周(상 · 주)시대부터 秦 · 漢(진 · 한)시대까지가 중국요리의 형성시기이고, 魏晋南北朝(위진남북조)부터 지금까지는 중국요리의 발전시기와 繁榮(번영) 시기라 할 수 있다.

商 · 周 時期(시기)부터 秦 · 漢 時期까지는 요리의 生産時期라 할 수 있게, 동식물의 원료, 조미료의 발달, 동제품 및 철제품의 器具(기구) 발달로 조리기술이 발전하여 중국조리기술이 크게 12종류나 분류되었다고 한다.

1. 炙(적)[zhì](烤肉 고기구이)
2. 羹(갱)[gēng](燒肉, 肉汁 진국)
3. 脯(포)[pú] 저미어 말린 고기, 말린 과실(육포)
4. 脩(수)[xiū] 고기를 저미어 만든 반찬(절인 육포)
5. 醢(해)[hǎi] 젓갈, 물고기 절임(고기로 만든 장류)
6. 臡(니)[ní] 뼈 섞인 젓(육장)
7. 菹(저)[zū] 채소 절임, 식초 따위로 겉절이 한 채소, 젓갈, 고기젓(소금으로 절인 육류, 채소)
8. 齑(제)[jí] 회, 살(肉)을 잘게 썰어 날로 먹는 것, 양념, 파 · 부추 따위의 채소를 작게 다져 간장, 기타 조미료에 버무린 것(다진 파, 마늘, 생강)
9. 膾(회)[huì] 잘게 저민 날고기(가늘게 썬 어채나 육채)
10. 鮓(자)[zhǎ] 젓, 소금에 절인 어물(魚物), 해파리 해산물을 소금으로 절인 뒤 버무림
11. 杂燴(잡회)[zá huì] 생선과 육류를 혼합하여 끓여서 만든 것
12. 濯(탁)[zhuó] 끓는 물에서 끓이는 것 (예 닭죽을 끓인다.)

이 모든 종류의 조리방법에서 또다시 세분화되어 더욱 많은 요리기술이 발달해왔고, 진, 한나라 이후 중국요리는 3차례나 더 많은 발전을 해왔다.

1. 魏晋南北朝(위진남북조) 시대

위진시대는 철제품의 발달로 중국조리기구가 광범위하게 사용될 때였다. 조리방법이 20여 가지로 더 늘어났고, 이때에 볶음조리방법이 출현하면서 중국의 요리발전에 큰 공헌을 했다고 한다. ≪齊民要術≫ 등에 기재된 설명으로는 당시 요리의 가짓수가 200여 가지 이상이나 되었다고도 한다. 유명한 요리로 蒸熊([zhēng xióng])(곰찜요리), 鴨霍(오리요리), 蒓羹(순채죽), 鹿肉(사슴고기), 炙豚(통돼지구이), 胡炮肉(통구이육) 등 그리고 당시에 豆豉[dòu chi](검정콩), 醬[jiàng](간장), 糖[táng](설탕), 蜜[mí](꿀), 塩[yán](소금), 醋[cù](식초), 葱[cōng](파), 薑[jiàng](생강), 椒[jiāo](고추), 酒[jiǔ](술) 등 조미료를 이용하여 요리의 咸[xián](감칠맛), 甛[tián](단맛), 辣[là](매운맛), 酸[suān](신맛), 糖醋[táng cù](달고 새콤한 맛), 酸麻[suān ma](맵고 신맛), 辣香[là xiang](매운향 맛) 그리고 입 안에서 도는 단맛 등 다양한 調味(조미) 방법을 만들기 시작하였다.

2. 隋(수), 唐(당), 兩宋(송나라) 시대

이전 시대를 계승하면서 중국요리는 더 한층 고도의 발전을 하게 되었다. 그때 크게 발전하게 된 동기에는 몇 가지 주된 요인이 있다고 한다.

(1) 名菜(명요리)로 인한 발달

수나라 谢諷의 ≪食經(식경)≫과 당나라 韋巨源의 ≪食單(식단)≫에서 새우로 만든 光明蝦炙(새우구이), 鳳凰胎(생선요리) 그리고 駝峰炙(낙타봉 구이), 駝峰羹(낙타족 죽), 四川의 太白鴨(태백오리), 新疆의 烤全洋(새끼양 구이) 등은 당시의 유명한 요리였다. 宋代(송대)에 ≪東京夢華錄≫, ≪夢梁錄≫, ≪武林旧事≫, ≪山家清供≫에 기재된 宋五嫂魚羹(송씨가의 생선죽), 群鮮羹, 醉蝦(술 취한 새우), 醉蟹, 生炒肺 등도 중국의 有名(유명)요리에 큰 영향을 주었다.

(2) 요리색상의 발전

당나라 시대에는 양고기, 돼지고기, 소고기, 곰고기, 사슴고기를 세심하게 조리 가공하여 5가지 냉채를 만들었고, 또는 여러 가지 채소 및 육류로 냉채를 만들어 한 폭의 풍경화를 만들기도 하였다. 송나라에 와서는 조리기술공예가 더욱 발전하여 큰 연회에서는 먹기 전에 눈으로 먼저 감상하여 식도락가의 구미를 더욱 돋울 수 있게 조리예술이 발전하였다 한다.

3. 元(원), 明(명), 淸(청나라) 3대

이 시대에는 ≪淸稗類鈔(청패류초)≫에서 말하기를 요리 만드는 곳에서는 필히 特色을 가진 자만이 京師[jīng shī](북경요리전문가)란 호칭으로 불렸으며, 이때부터 山東, 四川, 廣東, 蘇州, 福建, 揚州 등 각 지방의 특별한 요리와 조리사가 분류되어 지방적인 요리가 형성되었다.

현대 調理기술과 料理의 발전은 1980년대 초기부터 시작됐다. 그때 중국의 조리기술이 제일 빠른 속도로 발전해왔다. 전통을 이어가면서 수많은 개선과 조리사의 노력으로 새로운 요리가 개발되었다. 그 와중에서 빠른 교통문화의 발달로 식재료의 선택시간이 줄어들었고, 조리사들의 꾸준한 교류와 연구로 새로운 메뉴가 많이 개발되어 각 지방의 특징적인 요리에도 많은 변화를 가져다주었다. 특히 일반 평민의 생활이 좋아지면서 음식시장이 빠른 속도로 발전하게 된 것이다. 최근에는 각 지방에서 자신들의 특색 있는 전통요리와 기술을 가지고 전국에 더 큰 외식사업으로 진출하여 소비자들에게 더 많은 신개발요리를 선보이고 있다. 이 많은 전문요리점들이 중국요리를 발전시키는 데 중요한 역할을 한 부분이다.

(二) 광범한 재료 선택과 원활한 조리

중국요리에는 풍부하고 다양한 재료가 있다. 일반적으로 동식물로 조리하는 재료 외에 山珍海味(산진해미)를 사용한다. 예 熊掌[xióng zhǎng](곰발바닥), 駝峯[tuo fēng](낙타봉), 駝蹄[tuo tí](낙타발), 鹿筋[lu jīn](사슴심줄), 猴頭[hóu tóu](원숭이 골), 燕窩[yān wō](제비집), 魚翅[yú chì](상어지느러미), 魚唇[yu chún](생선 혀), 魚肚[yu dǔ](생선 부래), 海蔘[hǎi shēn](해삼), 貝[bèi](어패류), 竹筍[zhu sǔn](죽순). 꽃 종류에 (牧丹[mu dān](목단), 菊花[ju huā](국화), 芙蓉[fú róng](부용) 등. 昆蟲(곤충)에 蟬[chán](매미), 蝗虫[huáng chóng](누리), 中藥(중약)에 冬蟲夏草(동충하초), 枸杞(구기자), 天麻(천마) 등.

물론 이런 것들은 歷史상의 상황이다. 지금은 야생동물 보호법에 의해 판매 금지된 재료가 많아 식탁에 오르지 못하고 있는 것도 있다. 두부, 두부피, 채소, 밀가루, 송화단 등이 중국요리에서 제일 많은 부분을 차지하게 되었다. 그래서 예전에는 서양 사람이 쓸모없이 버린다는 재료가 중국에서는 제일 좋아한다는 재료이기도 했다. 서양 사람은 닭발은 살점이 없어 배를 充足(충족)시킬 수 없고, 닭의 뼈, 닭털도 사용가치를 몰랐었다 한다. 그러나 중국 사람은 닭의 다리가 활동량이 제일 많고, 몸을 꾸준히 지탱할 수 있는 능력을 갖고 있다 하여 상당히 귀중하게 여기며 요리의 원료로 많이 사용하고 있다.

과학적으로도 중국요리는 합리적인 조리방법을 사용한다. 서양요리에서는 일반적으로 조리가 단순하다. 특이한 것은 조리할 때에 여러 가지 재료를 같이 볶지 않는다는 것이다. 스테이크를 먹을 때 한쪽 옆에 감자튀김 조금과 완두콩 약간을 담아주는데, 사실 큰 의미가 없다고 본다. 단지

분리해서 볶은 뒤 큰 접시에 나누어 담을 뿐이다. 반대로 중국요리에서는 주재료와 부재료의 궁합과 비율을 맞추어 조리하는 원칙을 따진다. 예를 들어 연한 것에는 연한 것으로, 농한 것에는 농하게, 강한 것에는 강하게 하는 것이 일반적인 법칙이다. 그래야만 요리의 풍미, 색채, 구감, 영양을 결합시켜 여러 가지 풍부한 요리를 만들어내어 미식가들을 만족시킬 수 있는 것이다.

(三) 刀工精細, 風味多変(칼의 정교함과 맛의 다변화)

중국요리에서는 조리 시 재료의 칼질을 중요시한다. 목적은 형태를 살리고, 보기 좋게, 조리를 용이하게 하여 간을 흡수시키는 것이다. 칼로 써는 기법도 다양하다. 중국요리에서 식품조각의 뛰어난 예술성도 한몫을 하고 있다.

중국요리에서는 요리를 접시에 담아내는 방법이 다양한데 칼을 다루는 도공의 기술에 따라 다양하게 변화를 준다. 同一(동일)한 재료를 가지고 丁[dīng], 末[mė], 條[tiáo], 片[piān], 塊[kuài], 絲[sī], 段[duàn], 茸[róng], 泥[ní,], 球[qiú], 丸[wán], 菊花形[ju hua xíng] 등 다양한 형태를 만든다. 그리고 어떤 형태이든 크고 작은 모양은 동일하여야 하고, 길고 짧은 것도 물론 같아야 한다. 예 감자채를 썰 때 먼저 얇은 편으로 썰어놓고, 잘 폭에서 다시 곱게 채를 쳐주어야만 조리를 할 때 양념간이 골고루 스며들어 맛도 좋고, 요리 모양도 깔끔하게 보인다.

재료에 칼집을 내는 기술에서는 재료의 표면에 깊게 혹은 적당히 다양한 칼집 모양을 내어 조리가열 시 재료의 형태를 꽃모양과 국화모양으로 만드는 기술의 원리다. 그리고 통 원료(예 통닭) 같은 뼈를 제거하는 기술에는 먼저 뼈와 심줄, 연골 부위를 이해하고, 상당한 기술력을 연마해야만 원료에 잔뼈가 붙어있지 않게 깨끗이 제거하고 원형을 보존할 수 있다.

어떤 사람들은 중식과 서양식을 비교할 때 서양식은 눈으로 먹는 요리고, 요리의 색상과 장식을 중시하는 반면, 중식은 혀로 먹고 요리의 맛과 향을 중요시한다고 한다. 아무튼 이런 비교가 적절한지는 모르지만 확실한 것은 맛에 대한 핵심은 중국요리에 영혼이 담겨 있다는 것이다. 같은 재료라도 조미료 사용법과 조리방법에 따라 요리의 맛이 달라지기 때문이다.

만약 동일한 방법으로 고기를 곱게 채 썰어서 조리 시 고기를 먼저 밑간 처리한 후 어향소스로 조리하면 매콤하고, 달착지근하고, 새콤하면서 향기가 도는 魚香肉絲(어향육사)가 되고, 소금 간으로만 조리 시에는 짭짤한 향이 도는 고기잡채가 되는 것이다.

만약 조기를 같은 방법으로 조리했을 때 먼저 소금, 두반장, 생강, 마늘, 식초를 넣어 만들면 맛이 진한 향이 돌고 뒷맛이 매콤하면서 달착지근한 干燒黃魚(간소황어)이고, 간장을 넣어 소금, 설탕으로 간을 하여 만들면 진하면서 달착지근한 맛이 나는 紅燒黃魚(홍소황어)가 된다. 그래서 중국요리에는 맛의 美(미)가 다양하게 변한다는 뜻의 百菜百味(백채백미), 一菜一格(일채일격)이란 說(설)이 있다.

二. 中國菜点構成
중국요리의 구성

중국요리의 메뉴 구성은 매우 풍부하다. 모든 메뉴 종류의 구성이 같아 보이지만 같은 내용이 서로 다르다. 각 지방요리 메뉴판과 지역구 메뉴판이 있다. 지역의 특산품에 따라 수산품, 축산, 가금류, 농산, 과실류 등으로 나누어지며, 소수민족에 따라 漢族(한족), 滿洲族(만주족), 淸眞(청진)요리 등으로 분류되기도 한다. 또는 사회적으로 분류된 宮廷菜(궁정요리), 官府菜(관부요리), 市肆菜(시사요리), 家常菜(가상요리) 등도 있다. 물론 같은 메뉴판에도 특정적인 것들은 완전히 독립된 것은 아니다. 그들은 서로 상호교류를 통해 참고로 하여 작성하였으며, 다만 분류된 목록만 다를 뿐이다. 우리는 이 사회에 살면서 여러 경로를 통해 지금의 중국역사, 풍습, 그리고 음식문화 구성에 대해 조금이나마 이해했으리라 생각된다.

1. 宮廷菜(궁정요리)

궁정요리는 왕실과 封建(봉건)사회의 황제, 황후, 황자가 이용하는 황실요리다. 지금은 비록 역대 기록으로만 남아있는 요리이기도 하다. 궁정요리는 재료의 선택을 엄격히 따지고, 어느 장소에서든 어떤 재료를 어느 정도의 시간에 선택하느냐의 법칙을 따른다. 그래야만 천하에서 제일 좋다는 재료를 구애받지 않고 다 선택하여 사용할 수 있기 때문이다.

그래서 궁중에서 요리를 만드는 요리사는 전국에서 제일가는 요리사만 뽑아와 모든 요리를 완벽하여 만들어 황실요리의 면모를 보여주어야만 한다. 그리고 궁중요리를 만드는 요리사는 여러 분야로 나누어서 조리와 관리를 엄격히 요구하고 요리 하나하나에 정성을 담아 최고의 맛을 달성하기 위해 노력하였다. 그래서 궁정요리는 현대의 우리에게 많은 특정요리를 남기게 되었고, 중국요리 구성에 중요한 부분을 차지하고 있는 것이다.

2. 官府菜(관부요리)

관부요리는 封建사회에서 관료들이 주로 이용하는 요리다. 특징적인 점은 재료 이용이 다양하고 기묘하다는 것이다. 우선 官僚(관료) 간에 서로 경계심을 갖고 세력을 다투다보니 요리의 조리법도 경쟁의 수단을 넘어 技法(기법)이 다양화되었다. 그리고 궁정요리와 달리 음식을 먹는 방법과 재료사용에 그다지 까다롭게 제한을 받지 않아서 더욱 다양한 요리가 발달할 수 있었다.

孔付菜(공부요리), 譚家菜(담가요리)는 官府菜(관부요리)의 대표적인 요리이기도 하다. 공부요리 중에 花鹽鱖魚, 酿豆莛, 담가요리의 黃燜魚翅, 淸湯燕菜 등은 기묘하게 만든 명품요리이다.

3. 寺院菜(사원요리)

사원요리는 道家(도가), 佛家(불가), 궁궐 寺院(사원)의 채소를 위주로 한 사찰음식이다. 사찰음식의 특징은 땅에서 나오는 재료를 바로 채취하여 사용하는 것이다. 일반적으로 사원의 위치가 주로 산중에 있어, 교통도 불편하여 사원 주위의 나물이나, 과실류를 음식의 주재료로 사용한다. 그래서 俗談(속담) 중에 泰山에는 세 가지 美(미)가 있다 하여, 배추, 두부, 그리고 물이라 하였다. 그러나 이들도 특수한 채소류를 이용한 조리방법으로 닭고기 모양, 소시지, 생선 모양을 만들고 특수한 양념을 만들어 그 맛을 眞(진)맛이 나게 만들어 내기도 한다. 袁枚가 ≪隨園食單≫에 쓴 글에 의하면 이때에는 사찰음식도 상당한 수평에 이르렀다고 한다.

4. 民間菜(민간요리)

민간요리는 鄕村(향촌), 家常(가상)요리라고도 한다. 민간요리는 중국요리 메뉴의 중요한 부분을 이끌어 왔고, 중국요리의 뿌리이기도 하다. 민간요리의 특징은 먼저 재료선택이 편리하며 조리하기가 쉽고, 모든 가정의 입맛에 맞게 한다는 것이다. 민간요리는 재료선택에 있어 일반적으로 주위에서 쉽게 採取(채취)하여 사용한다. 바다가 가까우면 생선요리 위주로 가고, 강이나 호수에서는 민물 생선을 위주로 요리를 한다. 내륙지방에서는 禽畜(축금)요리 위주로 발달하여 "靠山吃山, 靠水吃水(산이 가까우면 산에서 나는 것을, 물이 가까우면 물에서 나는 것을)" 이란 속담이 있다.

그리고 재료의 선택은 각 지방의 특산품을 많이 이용하고, 조리방법도 각 지방의 기후, 환경, 습관과 풍습을 따른다. 그래서 중국요리의 음식문화를 이끌어온 중요한 요인이기도 하다.

5. 市肆菜(전문식당요리)

市肆菜(시사채)는 전문음식점의 요리를 말한다. 전문음식점에서 조리하여 판매하는 음식차림표의 總稱(총칭)이다. 시사채의 특징은 조리기술의 다양한 변화다. 메뉴 종류가 많고, 응용방법이 다양하면서 광범위하다. 시사채는 民間菜(민간요리), 官府菜(관부요리), 그리고 역대 전통으로 내려온 궁중요리로 구성되었다고 본다. 그리고 본지방의 특색을 살린 요리 외에 外地(외지) 고객의 입맛을 맞추기 위해 기타 지방 특색의 요리도 만들어낸다. 전문화된 음식점도 개업을 주도하면서 전문 만두점, 오리점, 菜食(채식)음식점, 양고기점문점 등 여기에 전문조리를 하는 조리사로 구성이 되어 미식가들에게 만족을 준다.

그리고 民族菜(민족요리)도 있다. 민족요리는 중국에 많은 소수민족의 생활풍습과 종교의 신앙(信仰)에 의해 발달된 종교적인 요리이기도 하다. 대표적인 예로 清眞菜(청진채)를 들 수 있다. 청진채는 음식을 먹을 때 엄격한 規律(규율)을 지켜야 하고 특히 재료선택에 특별히 신경을 써야 하므로 심지어 어느 재료는 사람이 선택을 못한다는 것들도 있다. 그래서 청진채는 조리의 풍격을 지키고, 연회 規則(규칙)이 있는 민족채의 대표적인 요리라 할 수 있다.

三. 菜系的形成及特色
요리의 형성 및 특징

소위 일정한 지역 내에서, 조리의 기술, 원료의 사용범위, 요리의 특색 등 상호 간의 비슷한 특징으로 自意(자의) 혹은 他意(타의)에 의해 구분되어 온 조리계열과 분류를 중국요리의 菜系(채계)라 한다. 菜系(채계)의 형성에는 아래와 같이 몇 가지 주요 요인이 있다.

1. 지역생산물의 制約(제약)

서로 다른 지역의 기후, 환경이 다르면 생산되는 원료의 품종도 차이가 많이 난다. 연안에서 많이 생산되는 생선과 새우에는 蘇[sū](강소요리), 浙[zhè](절강요리), 閩[min](복건요리), 粤[yuè](광동요리) 등의 지방요리가 크게 발달하게 되었고, 내륙지방의 湘[xiāng](호남요리), 鄂[è](호북요리), 徽[huī](안휘요리), 川[chuān](사천요리), 陝[xiá](협서요리) 등의 지방요리는 家畜物(가축물)요리가 풍부하다. 三北(중국북부)지역의 소, 양의 畜牧(축목)의 발달로 지금도 이런 음식이 식탁에 오르고 있다. 그래서 지리적인 환경과 기후, 그리고 지역의 특산품으로 요리의 계통이 분류되는 조건이 되어 왔다고 말할 수 있다.

2. 정치 경제와 문화의 영향

요리계통의 분류에는 정치, 경제, 문화가 밀접하게 관련되어 있다. 淮揚[huái yáng]요리는 隋·唐(수·당)시대 교통수단이 밀집하여 소금 운반의 집결지였던 이곳에 돈 많은 상인과 유명한 주방장들이 많이 거주하면서 발달하게 되었고 淮揚菜(휘양요리)의 풍미가 널리 알려지게 되었다 한다. 清(청)나라 시대에는 揚州(양주)의 경제, 교통, 문화가 상당히 발달하여 淮揚菜(휘양요리)가 더한층 발전하게 되었고, 전국에서 중요한 요리계열의 기초가 되었다. 廣東(광동)요리의 주요형성요인은 鴉片(아편)전쟁 후 중국문화의 개방으로 유럽, 미국 각국의 宣敎師(선교사)와 상인들이 대거 들어오면서 서양요리기술도 이때부터 입성하여 전파되었다 한다. 1930년대 廣州(광쮸)거리에는 수만 개의 상점이 형성되어 전문음식점 또한 성업을 이루어 粤菜[yue cài](웨차이)가 더욱 발전하게 되었다.

3. 민속과 종교신앙에 따른 습성

중국은 땅도 크고 인구도 많다. '百里不同風, 千里不同俗' 라는 속담이 있듯이 서로 다른 풍습과 습관이 음식문화에도 상당한 영향을 주어왔다. ≪淸稗類鈔≫의 기록에 의하면 청나라 말기에 북방사람들은 파와 마늘을 즐겼고, 서방사람(사천지방)은 매운 것을 즐겼고, 남방(광동지방)사람은 진한(담백한 것)을 즐겼고, 동방사람은 달착지근한 것을 즐겼다는 속담이 있다. 이러한 習性(습성)과 慣習(관습)이 지금까지 이어지고 있다. 또한 중국은 종교가 많은 나라여서, 신앙하는 종교도 서로 달라 음식 풍속에도 크게 영향을 미쳐왔다.

4. 중국 지방요리의 구성

중국의 지방요리가 발달된 것은 우선 각 지방의 향토적인 맛과 그 지방의 요리사들의 개발, 능력과 밀접한 관계가 있다. 그 다음으로 소비자들이 즐겨 먹을 기회가 많아졌기 때문이다.

지방요리에는 구역성이 있어 소비자들이 요리를 한 지역 범위에서 집중적으로 즐겨먹으면 사실상 그 지역은 분리된 지방요리라 볼 수 있다. 그 지역의 군중들이 현지에서 즐겨먹은 요리에 애착을 갖고 고향의 맛에 젖어 자기들의 토지에서 생산하는 재료들을 귀중히 여겨 지역요리가 더한층 발전해왔다.

요리의 계열에는 많은 지방풍미를 갖고 있다. 중국의 한 省(성)에서 한 지방요리의 특색을 찾으라면 한 지방에서도 또 다시 분리가 될 정도로 많아지게 된다. 이 중에서도 하나하나가 風味多彩(풍미다채)로 온 요리특색을 표현을 낼 수 있기 때문이다. 중국의 그 많은 지방요리의 특색을 전부 다 소개하려면 어려운 사항이라 여기에서는 중요한 몇 가지만 소개한다.

(1) 淮揚菜系(휘양요리)

휘양요리는 江蘇(강소), 上海(상해), 浙江(절강) 등 주변지역의 호수, 강, 바다를 사이에 두어 기온과 토지가 좋아 각지에서 생산물량이 풍부하여 재료 선택 과정에 水產(수산)물을 많이 사용하는 특색이 있다. 調味(조미)방법도 淸凉(청량) 담백하고 진국의 맛과 본래의 맛을 감돌게 한다. 조리 전처리 작업에 제일 먼저 刀工(도공)을 중요시하여 냉채부터 식품조각, 재료재단에도 상당히 신경을 써서 絲[sī], 丁[dīng], 末[mè], 條[tiáo], 片[piān] 등 하나하나 손질과 써는 데 세심한 기술과 정성을 다한다.

조리 시에는 炖[dùn](조리기), 蒸[zhēng](찌기), 焖[mèn](용기에 뚜껑 덮고 천천히 조리기), 燒[shǎo](빨리 볶기) 등의 조리법을 이용해 재료의 내용이 흩어지지 않게 살리면서 요리의 신선함과 고유의 맛을 보존하게 한다. 유명한 요리에는 龍井蝦仁(용징하인), 大煮干絲(따주깐스), 獅子斗(스즈토우), 蛋炒飯(딴처우판), 東坡肉(동퍼로), 叫化鷄(쪄화끼), 葱油刘水(총유화수이) 등이 있다

(2) 川菜菜系(사천요리)

長江(장강) 上流(상류) 주위의 사천지방을 중심으로 형성된 요리다. 이 지방의 요리는 광범위한 재료선택으로 다양한 요리의 맛을 내는 것이 특징이다. 일반적으로 맛을 내는 家常味(가상

미), 魚香味(어향미), 麻辣味(마라미), 酸辣味(쏸라미), 陳皮味(친피미), 麻醬味(마장미), 荔枝味(리치미), 蒜泥味(마늘미), 紅油味(홍유미), 烟香味(훈제미) 등이 있고, 조리기술 방면에서는 炸[zhà](튀기기), 煎[jiān](지지기), 溜[liū](걸쭉하게), 燜[mèn](조리기), 烤[kǎo](굽기), 그 외 火工(화공)의 小炒(샤쳐우), 干煸(깐삔) 干燒(깐쇼) 등 특수한 조리기술을 이용한다. 이러한 특별한 조리방법은 더욱 풍부한 요리를 만들어 민간인들에게 사랑을 받아온 夫妻肺片(후치폐편), 棒棒鷄(방방끼), 小龍牛肉(소용니우로) 등과 유명한 큰 음식점에서 판매하는 家常海蔘(갸창해삼), 干燒魚翅(깐쇼위치), 樟茶鴨子(짱차야즈), 虫草鴨子(총쳐우야즈), 開水白菜(카이수이빠이차이) 등과 대중 연회요리에서 사천요리로 더욱 유명한 魚香肉絲(위향로스), 麻婆豆腐(마퍼뚜후), 宮保鷄丁(꽁보끼팅), 水煮肉片(수이쥬로편), 干煸鱔絲(깐삔셴스), 回鍋肉(휘과로) 등이 있다.

(3) 粵菜菜系(광동요리)

廣東(광동), 廣西(광서), 海南(해남) 등 지방을 포함한 요리로 광동지방을 중심으로 한 요리다. 粵菜(웨차이)의 특징은 광범위한 재료선택과 정교한 조리법이다. 요리의 맛이 담백하고 청량감을 주어, 타국적인 조리법도 많이 응용한다. 광동은 중국 남쪽에 위치하고 있어 기후가 온난하고 강수량이 충분하여 동식물의 성장이 매우 빠르고 원재료의 종류도 많다. 그래서 조리에 충분한 재료를 선택할 수 있는 조건을 갖추고 있다. 기후가 좋은 것도 주원인이 되어 요리의 맛이 단연 담백하게 느껴지지만 여기에도 뒷맛에는 아주 진하고 깊은 맛이 느껴지는 매력이 있다. 광동요리 중에 煲湯類(보탕류)가 그중에 대표적인 것이라 할 수 있다. 조리방법 중에 泡[pāo](재료를 잠기도록 해서 끓이기), 扒[bā](삶기), 靠[kào](조리기), 焗[jú](찌기), 煎[jiān](지지기), 炸[zhá](튀기기), 煲[bāo](탕 끓이기), 이외 서양요리 조리에 반은 지지고 반은 튀기는 방법과 먼저 지지고 후에 찌는 조리방법, 조미료 사용방법도 서양식 소스와 동남아 일대의 특색적인 소스를 사용하여 독자적으로 신요리를 창안하여 소위 "食在廣州(먹을거리는 광주에 있다)"는 美談(미담)을 얻고 있다. 특이한 요리로는 烤乳猪(돼지새끼구이), 大良炒鮮奶(크림소스), 脆皮鴨(오리튀김), 東江 釀 豆腐(동강두부), 爽口牛肉丸(소고기완자) 등이 유명하다.

(4) 魯菜菜系(북경요리)

魯菜[lǔ cài](루차이)는 黃河(황하) 하류 지역의 북경과 산동지방 주변의 북방요리의 총칭이다. 魯菜(루차이)의 특징은 조리 시 조미료 첨가방법을 상당히 중요시하는 것이다. 일반적으로 복합 조미방법을 사용하지 않는다고 한다. 예를 들어 짠 음식에는 짜게 간을 하고, 새콤한 요리는 더욱 시게 만들고, 단 요리는 더욱 달콤하게 간을 맞춘다. 그 외 醬(장)맛과 葱(파)향을 내는 것이 魯菜(루차이)의 독특한 맛이라고 할 수 있다. 조리기술에서는 扒[bā](삶기), 爆[bào](빨리 볶기), 溜[liū](흐르게 볶기 - 걸쭉하게 볶기), 蒸[zhēng](찌기), 燒[shāo](볶기 - 익혀 볶기) 등을 많이 사용하고, 그중에서 爆[bào] 조리법을 많이 이용한다. 불 사용에 강약을 중시하여 빨리 볶아내는 것이 특징이라고 볼 수 있다. 그래서 "菜在鍋中飛, 火在菜上燒(강한 불에서 요리가 날아다니듯 볶아진다)"란 빠른 조리기술이 많이 알려져 왔다. 爆[bào]하는 방법도 다양하여 油爆[yóu bào], 火爆[huo bàǒ], 湯爆[tāng bào], 醬爆[jiàng bào], 葱爆[chuāng bào] 등이 있다. 그 외 鍋塌[guo tā], 燒扒[shāo ba]는 魯菜(루차이)의 특색적인 조리법이기도 하다. 대표적인 명요리는 北京烤鴨(북경오리), 涮羊肉(양고기신선로), 鍋湯鮑魚盒(전복요리), 葱燒海蔘(홍소해삼), 紅燒鮑魚(홍소전복), 清湯燕窩(제비집수프), 油燜大蝦(왕새우조림), 通天魚翅(상어지느러미요리) 등이 있다.

四. 菜系名稱命名
요리명칭의 형성

중국의 수많은 요리는 모든 요리가 자기의 특징을 가지고 하나의 이름을 달고 탄생한다. 오늘날 조리기술이 나날이 발전하면서 새로운 요리가 매일 출현한다. 요리이름도 규정범위를 넘을 수밖에 없다. 하나의 좋은 요리이름은 많은 사람에게 호감을 갖게 하여 식욕을 촉진시켜 주는 작용을 한다. 또한 요리의 이름으로 기본적인 요리의 뜻과 내용을 알아볼 수 있다.

1. 요리이름의 원칙

요리의 명칭이 탄생하는 데에는 손님 입장에서 바라보는 시각부터 시작하여 사람들이 음식에 감정이 담길 정도로 좋은 인상을 주는 데 원칙을 둔다. 요리의 명칭은 名實相符(명실상부)를 추구하여 전체적으로 만족스러운 요리의 특색과 전모를 갖추어야 한다.

예 蛙式鲈魚(개구리 모양의 농어요리)는 농어를 청개구리 모양으로 가공하여 연꽃잎에 올려놓고 부드러운 소스를 만들어 요리의 모양과 형태를 표현한 요리.

그리고 그 지방의 특징을 살려 표현한 요리, 音韵과 諧(소리음으로 조합하여 표현한 요리), 文字(글씨)로 표현한 요리 등이 있다.

2. 요리이름이 정해지는 순서와 방법

요리의 이름은 종종 요리재료에 따라, 혹은 조리방법에 따라, 색채감에 따라, 재료의 생산지에 따라, 맛과 향에 따라 정해지며 그 형태와 특징을 살려 정한다. 어떤 경우에는 역사의 유래와 지방적인 특색도 크게 영향을 준다고 볼 수 있다. 요리의 이름이 정해지는 과정은 일정하지 않을 수도 있다. 두 가지 상황이 있다고 보는데, 하나는 먼저 요리의 이름을 구상하여 정하는 것과 또 하나는 요리의 근거를 삼아 새로운 요리이름을 정하는 것이다.

이러한 이름은 종종 古典(고전)과 음의조합으로 나오기도 하고, 원료의 형태와 색상, 생산지, 그리고 조리방법에 따라 심사숙고 끝에 하나의 요리이름이 탄생되는 것이다. 요리이름은 조리과정을 근거로 모든 사람에게 깊은 인상을 심어주도록 원료, 맛, 색상, 질감, 조리방법 등과 지방의 습관을 고려하여 정해져야만 한다.

다음은 일반적으로 자주 사용하는 방법이다.

(1) 조리방법에 주재료를 넣어 형성된 이름

보편적인 명명 방법이다. 이러한 이름은 어떤 주재료와 조리방법으로 만들었는지 바로 반영이 되어 모든 사람들이 쉽게 알아볼 수 있게 한다. 예 軟炸口蘑(부드럽게 튀긴 버섯), 脆炸生蠔(바삭하게 튀긴 생굴)

(2) 주재료와 부재료의 이름

주재료에 부재료를 혼합하여 만들어 주 · 부재료의 본래의 맛과 향을 그대로 표현하는 이름. 예 龍井蝦仁(용정차의 향과 새우의 맛을 같이 맛보는 요리), 蟹黃魚肚(꽃게알과 생선 부래로 만든 요리)

(3) 조미료와 주재료가 혼합된 이름

이것은 조미료와 주재료가 궁합을 맞춰서 낸 이름으로 주재료의 고유한 맛에 특징적인 소스를 가미하여 만든 요리이름이다. 예 蠔汁鮑魚(굴소스를 가미한 전복요리), 咖喱鷄丁(카레소스를 곁들인 닭고기요리)

(4) 조리방법과 원료의 특징으로 창안한 요리이름

이것은 조리방법과 원료를 강조하는 요리이름으로 보는 사람이 원료를 한 단계 더 빨리 이해할 수 있도록 돕는다. 예 湯爆双脆(끓는 물에 빨리 데쳐 연하게 만든 두 가지 요리), 油爆烏花(기름으로 빨리 볶은 오징어)

(5) 색상, 형태와 주재료가 조합된 요리이름

이것은 주재료의 특징을 강조한 요리이름으로 보는 사람 입장에서 주재료의 색상과 형태를 주의 깊게 상기시켜 주는 요리이름이다. 예 壽桃豆腐(수도 모양으로 만든 두부요리), 水晶蝦(수정같이 밝게 만든 새우요리)

(6) 인명, 지명과 주재료를 합친 이름

이것은 한 지방의 특색을 강조하는 요리로 그 지방 사람들에게 요리에 대한 애착을 갖도록 할 수 있는 이름이다. 예 德州扒鷄(덕주지방의 닭요리), 東坡扣肉(소동파 이름을 붙여낸 돼지삼겹살요리)

(7) 주재료, 부재료와 조리법으로 명령된 이름

주재료와 부재료를 강조한 이름으로 조리방법으로 요리의 전모를 표현한 이름이다. 예 熘松子牛卷(잣을 곁들인 쇠고기 말이), 虫草炖鴿(동충초를 넣어 삶은 비둘기)

(8) 단순한 형태를 모방한 이름

요리 모양을 어떤 형태에 비유한 이름으로 사람들의 호기심을 일으켜주며 요리의 예술성을 강조한다. 예 獅子頭(사자머리 모양의 고기요리), 松鼠魚(다람쥐 모양의 생선요리)

(9) 채소로 표현한 이름

특정 蔬菜(채소)로만 만든 요리. 예 素餃子(채소 소로 만든 교자), 素魚丸(채소와 생선으로만 조리한 요리) 등

(10) 과일과 기물에 따른 요리이름

과일과 당면 등으로 기물(용기)을 만들어 그 안에 요리를 담아서 만든 기물의 형태와 주재료와의 궁합을 뜻하는 이름. 예 西瓜盅(수박을 조각하여 그 안에 요리를 넣어 표현하는 이름), 雀巢鷄球(당면, 감자로 새집을 만들어 그 안에 닭고기를 넣은 요리)

(11) 모양과 주재료에 따른 요리이름

주재료의 질감과 특색을 강조하여 먹는 사람들의 식욕을 돋우어주는 요리이름. 예 香酥鷄(향을 가미하여 튀긴 닭요리), 脆皮大蝦(바삭하게 튀긴 대하)

(12) 주재료와 中藥材(한약재)로 표현한 요리이름

주재료와 中藥材를 강조한 이름. 특별히 중약의 효능을 주지서켜 주면서 중국의 國菜(나라요리)인 醫食同源(의식동원)을 반영하는 요리이름. 예 蟲草鴨子(동충초 오리요리)

(13) 중국과 서양식이 합성되어 나온 이름

서양식의 원료와 조리방법을 강조한 요리이름으로 중국요리를 먹으면서 서양식 풍미를 즐긴다는 데서 나온 요리이름. 예 吉力蝦排 (왕새우칠리)

(14) 기물과 주재료에서 발상된 요리이름

요리를 담아 가열할 수 있는 기물을 강조한 요리이름이다. 요리를 장시간 가열하여 끓여내 요리의 진하고 독특한 향을 맛볼 수 있다는 의미에서 나온 요리이름. 예 沙鍋魚翅(돌솥냄비에 끓여낸 상어지느러미요리)

(15) 詩(시)와 歌曲(가곡)으로 전해져 나온 이름

요리의 예술성을 강조하여 詩曲(시곡)을 지어 표현한 요리이름. 예 百鳥歸巢(수많은 새가 둥지로 돌아온다는 요리작품)

(16) 과장된 조리기술로 명명되어 나온 이름

조리기술을 인정받아 통과한 뒤 새로운 요리를 창안해 많은 사람들에게 특별한 감상을 심어 줄 수 있게 만든 이름. 예 天下第一菜(세상에 하나밖에 없는 요리)

(17) 행복과 평온에서 나온 요리이름

행복과 축복을 강조하는 뜻으로 사람들로 하여금 행복감을 느낄 수 있게 표현한 이름. 예 全家福(전 가족에게 복이 온다)

(18) 예술성으로 형성되어 나온 이름

요리작품의 예술성을 강조한 이름으로 요리작품이 한 편의 시와 그림으로 표현될 수 있다는 뜻이다. 예 金魚戱水(금붕어가 물에서 노는 모양을 표현한 작품)

(19) 특수한 조리방법에서 나온 이름

일반 조리방법 외에 특이한 방법을 강조한 요리이름으로 많은 사람들이 생소하고 신기하게 느낄 수 있도록 만든 이름. 예 熟吃活魚(익혀서 나오는 활어), 油炸氷淇淋(기름에 튀긴 얼음과자)

(20) 諧音(해음)으로 표현되어 나온 이름

주재료의 명칭(이름)의 발음이 일반 口語(구어)와 비슷한 뜻을 갖고 있는 용어를 이용하여 지어낸 요리이름. 예 發菜魚丸湯(발채와 생선완자탕) (發財魚丸湯). *중국어에서 [菜]와 [財]는 똑같이 [cái]로 발음된다.

참고문헌

全國烹飮專業系列教材 中國名菜名点 (旅遊教育出版社) 2004年11月

五. 중국刀章의 조리기술

중국요리에 일반적으로 많이 사용하는 칼을 菜刀[cài dāo]라고 한다. 菜刀에도 재료를 써는 용도와 모양에 따라 몇 종류가 있는데 일반 업장에서는 주로 두 종류를 사용한다.

① 切刀[qie dāo]= 칼 모양이 장방형으로 가볍고 얇다. 포 뜨기, 편 썰기, 채썰기 등 다양하게 사용한다.

② 斬刀[zhǎn dāo]= 칼등이 두껍고, 칼등에서 칼날 부분이 타원 모양으로 주로 큰 재료를 쳐서 자르거나 연골 뼈를 토막 내고, 장족발 등을 자르는 데 사용한다.

刀章[dāo zhǎng]의 응용 및 썰기(재단) 방법 설명

刀章은 칼 쓰는 방법을 말한다. 하나의 요리가 완성되기까지 각종 다른 재료를 칼로 썰어서 만드는 방법에 따라 형태가 변하게 된다. 사진은 자주 사용하는 용어 설명이다.

直切[zhí qiè]
직도썰기(위에서 아래로 썰기)

推刀批[tuī dáo]
눌러서 밀어 썰기

拉刀批[lā dáo pǐ]
(눌러서 당겨 썰기)

斜刀剞[xie dào jī]
(옆면으로 잔 칼집 내기)

滚刀切[gǔn dào qiè]
(굴려 썰기)

斜刀批[xie dào pī]
(비스듬 썰기)

反刀批[fǎn dào pī]
(방향 바꿔 썰기)

推切[tuī qiè] (위에서 밀어 썰기)

直斬[zhí zhǎn] (찍어서 끊어 썰기)

塊[kuài] (큼직하게 썰기)

絲[sī] (가는 채썰기)

片[piàn] (편 모양 썰기)

條[tiáo]
(긴 마름모꼴 썰기)

丁[dīng]
(네모꼴 썰기)

茉[mò]
(송송 곱게 썰기)

拍[pāi]
(으깨서 다지기)

六. 중국의 食品雕刻

食品雕刻(식품조각)이란 각종 채소를 이용하여 특정 요리의 내용과 연회석에 화려함을 주어 모든 식도락가에게 작품의 만족감을 제공하는 특수 조리기술이다.

식품조각에는 모든 채소를 재료로 이용하며, 작은 곤충류부터 물고기, 새, 독수리, 공작, 학, 봉황새 등과 용, 말, 더 나아가 八仙(8명의 신선)과 같은 작품까지 만들 수 있다. 또한 수박, 호박을 이용한 조각기술도 있다.

식품조각은 재료선택이 제일 중요하므로 계절 채소를 선택하여 원하는 작품을 세밀하게 만들어 화려하고 고급스러운 분위기를 조성하여 진귀한 요리의 표현을 더해준다.

1. 식품조각의 역사 및 발전

중국에서는 食品雕刻(식품조각)을 食雕[shí diāo](식조), 雕刻[diāo ke](조각) 그리고 雕刻工藝(조각공예)라 한다. 특수한 도구를 이용해 각기 다른 기술적인 방법으로 식용으로 할 수 있는 식품을 조각하여 입체감각을 살릴 수 있는 작품(예 꽃, 곤충, 새, 동물, 인물 등)의 각종 형태를 말한다. 이런 작품들이 중요한 것은 요리의 미각과 내용을 표현함으로써 연회석에 미각을 돋우고 예술효과를 더한층 빛내 주기도 하기 때문이다.

중국 식품조각의 기원은 진나라에서부터 청나라까지 발전하여 "吃一, 看二, 觀三(한 번 먹어보고, 두 번 보고, 세 번 관찰한다)"이란 용어로 표현을 하며 또한 민간인의 제사상에 올리는 음식과 식품조각의 내용이 큰 영향을 받아 내려왔다 한다.

신 중국 성립 후 궁중요리의 대통을 잇는 요리사들의 노력으로 완성요리에 간단한 모양내기부터 연회의 큰 조각 작품에까지 크게 발전해왔다. 지금은 중국의 각지에서 식품조각 전문학교까지 생겨서 많은 조각생도들이 더 좋은 작품을 만들기 위해 노력하고 있다.

2. 식품조각의 목적 및 이해

식품조각은 중국 조리기술에 중요한 부분을 차지하고 있는 기술로 음식의 질을 높여주고, 분위기를 조정하고, 화려함을 표현해주어 현대인이 물질적인 행복을 누리는 만큼 예술적인 감각을 즐길 수 있게 한다.

완성요리의 특색을 최대한으로 부각시키기 위해서는 색과 형태 또는 질을 중요시해야만 한다. 그러기 위해서는 고급스러운 기술로 접시의 모양을 바꿔준다든가 요리의 내용을 표현해줄 수 있다. 시각적으로 흥미로운 연출을 위해 중국의 큰 연회에서는 꼭 필요하다고 본다.

3. 식품조각의 원료

식품조각의 재료는 영양학의 각도에서 원료를 보지 말고 모든 채소, 과실에 따라 큰 작품이나 작은 작품을 구상하여 조각하되 재료의 신선도와 변질 결과를 중시하여 선택한다.

일반적으로 당근, 무, 오이, 배추, 비트, 호박, 수박 등 그 외 계절에 따라 뿌리와 과실(果實) 종류의 색상이 다른 재료를 선택하여 모양을 더욱 선명하게 하고, 입체감을 줄 수 있도록 작은 작품에서 큰 작품까지 폭넓게 선택할 수 있다.

4. 식품조각의 상용(常用)공구

식품조각에 사용하는 모든 칼 종류를 조각칼이라고 하며, 조각칼은 일반적으로 주방에서 조각을 전담하는 사부들이 임의로 구입하거나 자신이 제작하여 만들어 사용한다. 따라서 그 종류도 다양하고 많지만 자신의 손에 익숙하고 편리하게 느껴지면 좋은 조각 작품을 만들 수 있다고 본다.

(1) 尖頭刀[jiān tóu dāo]

칼끝이 뾰족하게 생겨 제일 많이 사용하는 중식 조각칼 중에 하나다.

(2) 圓口刀[yuán kǒu dāo]

양쪽 끝이 U형 및 V형이 있고, 1호(작은 것)부터 6호(큰 것)까지 다양한 종류가 있어 새의 깃털이나 곡선(曲線)작업 등에 많이 사용한다.

(3) 菜刀[cài dāo]

일반 긴 칼로 채소를 다듬어 처리하는 과정에 사용한다.

(4) 模具刀[mó jú dāo]

간단한 모양 틀을 채소에 눌러서 쉽게 바로 사용하는 도구.

(5) 其他刀具(기타도구)

그 외 둥글게 파는 원형칼, 껍질을 깎는 감자칼, 칼끝이 평면 모양인 平口刀 등이 있다.

1. 채소꽃 조각

각종 채소를 이용한 꽃 조각 모음

비트

비트

당근

호박

당근

대파

무

무

쉽게 배우는 꽃 조각(당근)

1. 6~7cm 정도 크기의 당근을 그림 모양으로 약간 휘어 5면을 깎는다

2. 양쪽면 사이에 그림 모양으로 다듬어준다.

3. 밑 부분이 떼어지지 않게 한 잎씩 얇게 꽃잎을 깎는다.

4. 그림과 같이 5개의 꽃잎을 깎는다.

5. 꽃잎 사이 안쪽에 한 겹을 얇게 잘라낸다.

6. 두 번째 꽃잎을 깎는다.

7. 중간 부분을 잘라낸다.

8. 세 번째 잎을 만든다.

9. 안쪽에 작은 꽃잎은 봉우리 모양으로 깎는다.

10. 봉우리 안쪽에 칼집을 넣어 다듬어 준다.

완성

2. 접시장식 및 호박조각

당근, 오이를 이용한 장식

당근, 오이를 이용한 장식

호박꽃

셀러리, 당근, 무, 래디쉬를 이용한 장식

당근, 파, 호박으로 만든 잠자리

오이, 당근으로 장식한 메뚜기

오이, 당근으로 표현한 작품

비트로 장식한 장미꽃

麵塑(멘수) 밀가루와 찹쌀반죽으로 만든 인형모양

호박조각 1

호박조각 2

호박조각 3

호박조각 4

호박조각 5

중국요리의 기본 반찬

小菜類(반찬류)

榨菜
짜사이무침

五香花生
오향땅콩조림

酸辣黄瓜
오이피클

zhà cài
榨菜
짜사이무침

재료	조미료		
짜사이 200g	고추기름 2큰술	조미료 약간	
대파 2대	청주 1작은술	식초 1큰술	
	설탕 1큰술	참기름 약간	

❶

❷

❸

:: 만드는 방법

1. 짜사이는 물에 씻어 얇고 가늘게 채로 썰어서 물에 10분간 담가놓는다. (그림 ❶)

2. 대파도 깨끗이 씻어 가는 실 채로 썰어서 준비한다.

3. 물에 담가놓은 짜사이를 꺼내 물기를 꼭 짜서 채로 곱게 썬 대파와 같이 그릇에 담는다. 여기에 양념소스를 넣고 고루 버무려서 작은 접시에 (밑반찬으로) 낸다. (그림 ❷~❸)

※ 榨菜[zha cài] 짜사이는 중국 사천지방의 특산물이다. 고급 중국음식점에서 밑반찬으로 많이 사용하는 장아찌 종류로 대부분 중국에서 수입하여 사용한다. 지금 시중에서 판매하는 짜사이는 대부분 채로 썰어서 나오는 제품이다.

wǔ xīang hua shēng

五香花生

오향땅콩조림

재료			
피땅콩 800g	조미료 약간		
팔각 3쪽	대파 2대		
소금 100g	생강 1쪽		

재료

❶

❷

❸

:: 만드는 방법

1. 피땅콩(볶지 않은 땅콩)은 깨끗한 물에 하루 정도 담가서 불려 놓는다. (그림 ❶)

2. 냄비에 불려낸 피땅콩을 담고 물을 5컵 정도 붓는다. 여기에 팔각(향신료), 소금을 넣고, 대파와 생강도 저며서 같이 넣어 센 불에 끓인다. (그림 ❷)

3. 물이 끓어오르면 불을 약하게 조절하여 중불에서 1시간 정도 푹 끓여준다.

4. 피땅콩을 하나 건져서 익었나 확인하고 파와 생강은 건져서 버린다. 냄비를 완전히 식혀서 뚜껑을 덮고 냉장고에 보관하여 차게 접시에 낸다. (그림 ❸)

suān la huáng gua

酸辣黃瓜

오이피클

재료	조미료(피클소스)
오이(취청) 5개	물 1컵
생강 2개	설탕 1컵 반
홍고추 3개	식초 2컵
소금 $\frac{1}{2}$컵	고추기름 $\frac{1}{2}$컵

❶

❷

❸

❹

❺

❻

❼

:: 만드는 방법

1. 오이는 깨끗이 씻어 길이 5cm로 토막을 내고 다시 한 토막을 반으로 잘라 3~4쪽으로 썰어놓는다. (그림 ❶~❸)

2. 썰어놓은 오이는 소금을 고루 뿌려 1시간 정도 절여지게 담가놓는다. (그림 ❹)

3. 소금물에 절여진 오이는 건져서 뚜껑 있는 용기에 넉넉히 담는다.

4. 팬에 물, 식초와 설탕을 넣고 설탕이 완전히 녹을 때까지 끓여서, 오이가 잠길 정도의 소스를 넉넉히 용기에 붓는다. (그림 ❺)

5. 홍고추와 생강은 가는 채로 썰어서 용기에 담아낸 오이 위에 고루 뿌려놓는다. (그림 ❻)

6. 팬에 고추기름을 넣고 뜨겁게(180℃) 하여 홍고추와 생강 위에 조금씩 끼얹어주어 향이 나도록 한다. (그림 ❼)

※ 용기에 소스가 완전히 식으면 뚜껑을 덮고 냉장고에 3일간 저장하여 먹는다.

중국특선명요리

冷菜類(냉채류)

什錦冷盤
모듬냉채

冷拌蜇皮
해파리냉채
해파리소스

生菜沙拉
채소샐러드

冷拌粉皮
양장피무침

鳳凰拼盤
봉황냉채

醬海螺
소라냉채

燻魚
복(생선)냉채

山東燒鷄
산동쇼끼

冷拌墨魚
오징어냉채

五香醬肉
오향장육

jiàng hai luo

醤海螺

소라냉채

재료 1

- 참소라 15개(약 1kg)
- 팔각(향신료) 2개
- 대파 1대
- 생강 1쪽
- 홍고추 1개
- 고수 약간

재료 2(간장소스)

- 육수(또는 물) 6컵
- 진간장 1컵
- 청주 3큰술
- 후추, 조미료 약간씩
- 소금 2큰술
- 설탕 5큰술
- 로추 1큰술

❶

❷

❸

❹

:: 만드는 방법

1. 참소라(냉동)를 해동시켜 깨끗이 씻어 두께 1cm 크기로 썰어서 재료 1과 같이 찜통에 들어갈 용기에 담는다. (그림 ❶)

2. 팬에 재료 2 소스를 같이 끓여서 간장소스를 만든다. (그림 ❷)

3. 팬에 끓여낸 간장소스를 소라살 담은 용기에 붓는다. (그림 ❸)

4. 김이 오른 찜통에 1시간 정도 쪄낸다. (그림 ❹)

5. 잘 쪄낸 장소라살은 식혀서 반찬접시에 담고 파, 홍고추, 고수를 채로 썰어서 올린다.

※ 이 요리는 차게 먹는 냉채 요리로 오이를 으깨 썰어서 소라와 같이 버무려 차갑게 먹는다.

燻魚 (hūi yu)

복(생선)냉채

주재료	부재료	조미료소스
복(생선살) 1kg	대파 1대	콩간장 1컵
	생강 1쪽	청주 $\frac{1}{2}$컵
	팔각 2개	육수 4컵
	산초 5g	설탕 $\frac{1}{3}$컵
	오이 $\frac{1}{2}$개	후추 작은술
	고수 약간	로추 2큰술

❶

❷

❸

❹

❺

:: 만드는 방법

1. 복살(생선살)을 물에 담가 살만 전처리 후 물기를 제거하고 용기에 담아 놓는다. (그림 ❶)
2. 팬에 조미료소스를 같이 넣고 끓여서 담아놓은 복살에 붓는다. (그림 ❷)
3. 볼(그릇)에 잠긴 복살 위에 대파, 생강, 팔각을 띄워서 하루 정도 간이 배게 한다. (그림 ❸)
4. 170℃ 튀김기름에 갈색이 된 복살을 하나씩 튀겨준다. (그림 ❹)
5. 잘 튀겨낸 복살은 완전히 식혀준다. (그림 ❺)

※ 접시 밑에 오이채를 썰어서 깔고 복살을 편으로 썰어서 담고 고수를 올린다.

山東燒鷄

shān dōng shāo jī

산동쇼끼

주재료

닭 1마리(1kg 미만)

부재료

대파 1대

생강 $\frac{1}{2}$쪽

팔각 2개

오이 1개 (오이는 접시에 담을 때 사용)

전처리용(닭 표면에 발라 주는 양념)

케첩 5큰술

해선장 2큰술

튀김기름 5컵

① 간장소스(끓여서 찜용)

육수 4컵

콩간장 1컵

청주 반 컵

설탕 $\frac{1}{3}$컵

후추 1작은술

로추 1큰술

② 마늘소스(닭냉채용)

간장 1큰술

육수 5큰술

설탕 1큰술

소금 1작은술

식초 2큰술

마늘(다져서) 5개

참기름 약간

❶

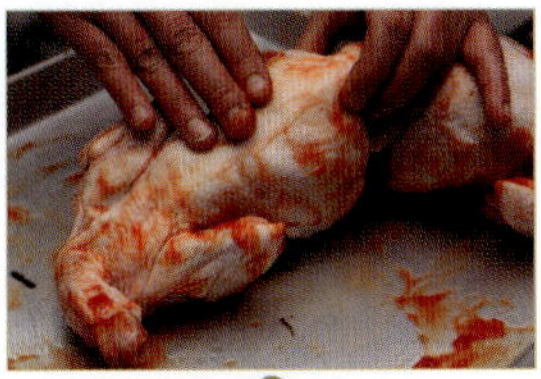

❷

❸

❹

❺

∷ 만드는 방법

1. 그릇에 케첩 5큰술, 해선장 2큰술을 혼합하여 만든다. (그림 ❶)

2. 소스를 닭 표면에 고루 바른다. (그림 ❷)

3. 160℃ 튀김기름에서 갈색이 나게 튀겨준다. (그림 ❸)

4. 튀겨낸 닭을 사각 팬에 담고 ① 간장소스를 끓여서 붓고, 여기에 대파, 생강, 팔각을 띄워서 끓는 찜통에 1시간 정도 쪄낸다. (그림 ❹~❺)

5. 잘 쪄낸 닭냉채는 완전히 식힌다. 오이를 살짝 으깨어 접시에 담고, 식혀낸 닭고기는 먹기 좋게 썰어서 오이 위에 담는다. ② 마늘소스를 만들어 고루 뿌려낸다. (파채와 고수도 같이 곁들인다.)

lěng bàn mo yu

冷拌墨魚

오징어냉채

재료 1	겨자소스	
갑오징어(몸살) 500g	겨자 2큰술	소금 1작은술
오이 $\frac{1}{2}$개	육수(또는 물) 2큰술	조미료 약간
홍고추 1개	식초, 설탕 1큰술	참기름 약간

❶

❷

❸

❹

❺

:: 만드는 방법

1. 오이는 겉피를 살짝 깎고 반 길이로 잘라서 길이 3cm 두께 0.2cm로 어슷썰기 한다.

2. 갑오징어는 내장과 껍질을 벗겨서 내장이 붙어있던 쪽에 가로 0.2cm 간격으로 잔 칼집을 넣는다. (그림 ❷)

3. 칼집 넣은 반대쪽으로 다시 세로 0.5cm의 간격으로 어슷하게 칼집을 내어 길이 4cm 폭 2cm로 자른다. (그림 ❸~❹)

4. 갑오징어는 끓는 물에 소금을 넣고 살짝 데쳐서 찬물에 식혀준다. (그림 ❺)

5. 전처리한 갑오징어는 물기를 빼고 편으로 썰어놓은 오이와 보기 좋게 섞는다. (홍고추도 어슷 둥글게 썰어 섞어준다.)

* 겨자소스 만들기

겨자는 따뜻한 물에 개어서 발효시킨 후 설탕, 소금, 식초로 간을 하고 참기름을 넣고 향을 내어 겨자소스를 만든다.

wǔ xīang jiàng ròu

五香醬肉

오향장육

재료 1	재료 2(향신료)	재료 3	조미료(장육소스)
아롱사태 1kg	대파 1대 생강 1쪽 **향신료** 월남고추 10개 팔각 3개 통후추 10g	양배추 또는 오이 100g	육수(또는 물) 6컵 진간장 1컵 청주 5큰술 설탕 5큰술 후추, 조미료 약간 노두유 2큰술 *고추기름 약간(소스용)

재료 1

재료 2

❶

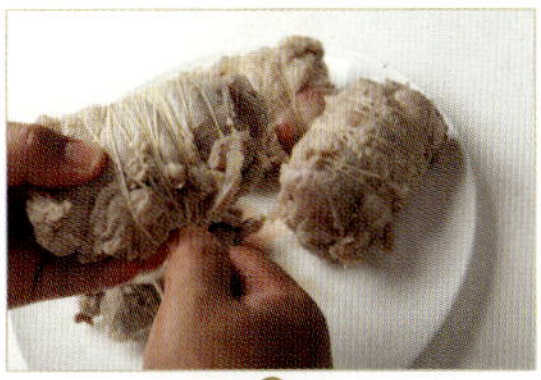
❷

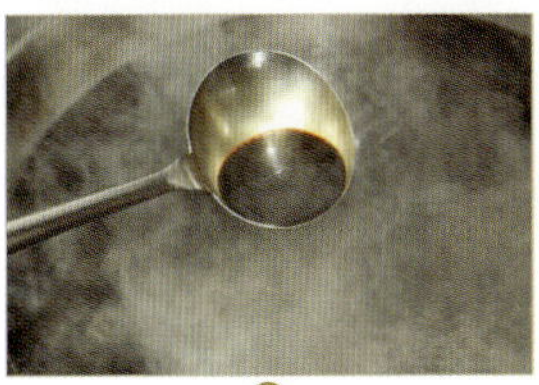
❸

❹

❺

:: 만드는 방법

1. 아롱사태(쇠고기 또는 돼지고기) 덩어리는 기름을 제거하여 끓는 물에 30분간 삶아서 건져낸다. (*이 과정에서 핏물과 이물질을 제거한다) (그림 ❶)

2. 잘 삶아낸 사태고기는 먼저 실로 흩어지지 않게 묶는다. (그림 ❷)

3. 육수 팬에 장육소스를 끓여낸다. (그림 ❸)

4. 소스가 끓으면 준비한 냄비에 고기가 완전히 잠길 정도로 붓는다. 여기에 향신료(재료 2)를 띄우고 중불에서 1시간 정도 끓인다. (그림 ❹)

5. 잘 익혀낸 장육(그림 ❺)은 파, 생강, 팔각을 건져내고 식힌 다음 편육으로 얇게 썰어서 양배추(오이) 위에 보기 좋게 돌려 담고, 고추기름을 편육 위에 약간 끼얹는다.

   *양배추는 곱게 채 썰고 또는 오이를 살짝 으깨서 2cm 정도 크기로 썰어 접시 가장자리에 올려 담는다.

※ 장육소스가 식으면 간장소스가 묵처럼 생기는데 이 묵을 편육에 올려서 이용하면 오향소스의 맛을 더욱 즐길 수 있다. 고수와 파채를 썰어서 올려 담고, 마늘소스를 곁들여 주면 더욱 좋다!

lěng bàn zhé pí

冷拌蜇皮
해파리냉채

※ 해파리 맛있게 먹는 방법
해파리채를 구입하여 소금을 제거하고 끓는 물에 완전히 데쳐서 다시 흐르는 물에 두세 번 씻어낸 뒤 깨끗한 물에 하루 정도 담가두었다가 사용하면 냄새도 제거하고 아삭한 맛을 낸다.

재료 1	마늘소스 1.8ℓ 만드는 비율		재료
해파리 100g	육수 600cc	식초 600cc	마늘 150g
오이 1개	설탕 500cc	조미료 약간	레몬 1개
	소금 80g		참기름 50g

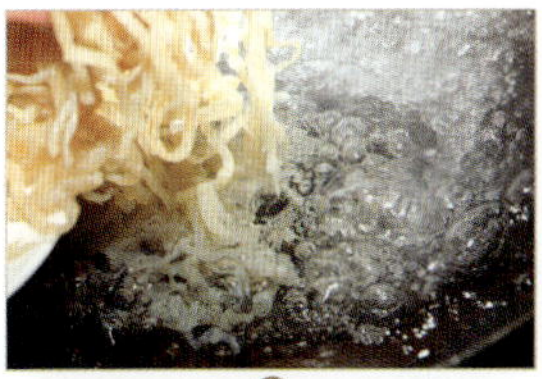
①

②

③

④

⑤

:: 만드는 방법

1. 해파리는 묽은 소금을 제거하고 뜨거운 물에 살짝 데쳐서 흐르는 물에 담가 놓는다. (그림 ①~③)
2. 30분 정도 물에 담가 놓으면 그림과 같이 손으로 만졌을 때 부드럽게 느껴진다. (그림 ④~⑤)
3. 오이는 감자 칼로 껍질을 조금씩 깎아내고 깨끗이 씻어서 곱게 채로 썰어 준비한다.
4. 해파리를 건져서 물기를 짠 뒤 오이채와 함께 잘 섞어 버무려 접시에 올려 담는다.
5. 차갑게 만든 마늘소스를 해파리 위에 골고루 끼얹는다.

①

②

③

④

:: 마늘소스 만드는 방법

끓은 육수에 설탕, 소금, 조미료, 식초를 넣어 해파리소스를 만든 뒤 다시 그림 ①~④ 순서대로 넣고 마늘소스를 만든다.

1. 해파리소스 재료를 준비한다. (그림 ①)
2. 소스에 다진 마늘을 넣는다. (그림 ②)
3. 레몬즙을 짜서 넣는다. (그림 ③)
4. 마지막에 참기름을 넣고 혼합한다. (그림 ④)

shēng cài sha la

生菜沙拉

채소샐러드

채소소스 1.8ℓ 만드는 비율	재료
육수 600cc	양파 150g
설탕 500cc	키위 2개
소금 80g	올리브유 50cc
식초 600cc	

❶

❷

❸

:: 채소소스

1. 양파, 키위를 껍질을 벗겨서 준비한다. (그림 ❶)

2. 양파는 곱게 다지고, 키위는 믹서에 갈아서 채소소스를 만들어 준비한다. (그림 ❷)

3. 채소소스에 갈아놓은 양파, 키위를 넣고 올리브유를 섞는다. (그림 ❸)

4. 여러 종류의 계절채소를 먹기 좋게 뜯어서 깨끗이 씻어 접시에 담고 채소소스를 뿌려준다.

*식성에 따라 발사믹 식초를 이용해도 좋다.

lěng bàn fěn pí
冷拌粉皮
양장피무침

:: 만드는 방법

粉皮(fěn pí)... 중국잡화상에서 판매하는 양장피를 말한다. 기존의 양장피잡채는 차게 한 재료를 접시 주위에 두르고 양장피를 중앙에 담고 다음에 채소와 고기를 볶아서 덮어주는 요리였다. 이 요리는 싱싱한 해산물과 계절채소를 살짝 데쳐서 주위에 담고 중앙에 불려서 데친 양장피를 참기름에 무쳐서 놓은 차가운 냉채요리다.

※ 먹는 방법은 양장피에 하나씩 싸서 겨자소스에 찍어먹는다.

fèng huáng pīn pán
鳳凰拼盤
봉황냉채

:: 만드는 방법

중국요리 연회에 화려함을 보여주는 냉채요리 중에 하나로 찬 음식에 사용하는 재료로 특징적인 형태를 섬세하게 만든다. 여러 종류의 상징모양을 만들어 그 날 연회를 베푸는 고객에게 기쁨과 축복을 기원하는 작품 요리다. 예 白鶴(백학), 孔雀(공작), 鴛鴦(원앙)냉채 등

什錦冷盤

shí jǐn lěng pàn

모듬냉채

냉채별 소스이용 방법

냉채	소스
해파리, 닭고기냉채	마늘소스
오향장육	고추기름
새우냉채	겨자소스
전복냉채	토마토케첩소스

토마토케첩소스(전복냉채)

케첩 5큰술
설탕 1작은술
고추기름 1큰술
마늘, 셀러리(다진 것) 1작은술씩

재료

냉채소스

:: 만드는 방법

*什錦冷盤이란?

모듬냉채라는 뜻으로 원래 열십十자를 써서 十錦冷盤 열 가지 정도의 다양한 맛의 냉채를 말한다. 중국 냉채 요리에는 두 가지 냉채, 세 가지 냉채, 七星(일곱 가지)냉채 등이 있다. 냉채 종류별로 보면 단일품명일 경우(예 해파리냉채) 또는 원료의 이름 외에 몇 가지 숫자로 붙여서 나오는(예 삼품냉채 : 세 가지 차게 한 요리를 한 접시에 내오는 냉채) 요리가 있다.

중국특선명요리

湯類(수프류)

原湯
원탕(육수 만드는 방법

清湯燕窩
제비집수프

佛跳墻
불도장

翡翠干貝
비취해선탕(비취깐패

酸辣湯
쏸라탕

❶

❷

❸

❹

❺

❻

❼

❽

❾

❿

⓫

yuán tāng
原湯

원탕(육수 만드는 방법)

재료

닭(닭뼈) 1마리	소고기(다진 육) 500g
소사골뼈 1kg	대파 5개
닭고기(다진 육) 500g	생강 3쪽

:: 만드는 방법

1. 닭고기 살을 다지고, 쇠고기살도 잘 다져서 준비한다. (그림 ❶)

2. 육수 통에 6ℓ 정도의 물을 붓고 깨끗이 씻은 닭과 소사골 뼈를 넣어 생강, 대파와 함께 센 불에 끓인다. (그림 ❷)

3. 1시간 정도 끓여준 뒤 불을 약하게 하여 거품을 거두어내고 파를 건져낸다. (그림 ❸)

4. 닭고기 다진 육과 소고기 다진 육을 순서대로 넣는다. (그림 ❹~❺)

5. 중불에 30분 정도 끓여준 뒤 다시 거품을 거두어낸다. (그림 ❻~❼)

6. 조리 망으로 다진 육을 건져 평평하게 눌러서(납작하게 만들어) 다시 탕 안에 넣고 중불에 끓인다. (그림 ❽~❿)

7. 중불에 1시간 정도 천천히 끓여 주면 탕에서 나오는 잡물은 다진 고기에 같이 달라붙어서 맑고 구수한 육수로 사용할 수 있다. 여기에 산초를 5g 정도 첨가해서 끓이면 잡냄새도 없앤다. (그림 ⓫)

※原湯(원탕)은 老湯(로탕)이라고도 하며 중국요리에 전통적으로 이용했던 육수 뽑는 방식이다.

qīng tāng yàn wō
清湯燕窩

제비집수프

재료(1인분)	조미료		
제비집 5g	육수 $\frac{3}{4}$컵	후추 약간	
	청주 1작은술	물녹말 약간	
	소금 5g		

재료

❶

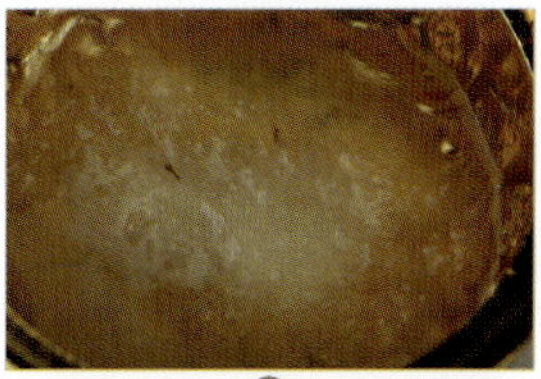

❷

❸

❹

:: 제비집 전처리 과정

1. 마른 제비집은 먼저 용기(스테인리스)에 담아놓고, 깨끗한 물을 끓여서 용기에 붓는다. (2~3시간 정도 불려놓는다).

2. 잘 불려낸 제비집에 남아있는 제비 깃털 및 이물질을 핀셋으로 제거한다.

3. 제비집을 사기옹기에 담고 끓은 물을 부어 찜통에서 30분간 쪄낸다.

4. 사용하고 남은 제비집은 깨끗이 포장하여 (냉동)보관한다.

*냉동시킨 제비집을 물에 담가 해동시켜 사용하는 과정.(그림 ❶~❷)

:: 만드는 방법

1. 팬에 육수와 청주를 넣어 끓인다. (그림 ❸)

2. 불려놓은 제비집을 넣고, 소금 간을 하여 물녹말로 걸쭉하게 만들어서 낸다.
(그림 ❹)

※ 제비집 요리를 만드는 과정에 기름을 과다히 첨가하는 것은 절대 금물이다.

* 燕窩種類(제비집의 종류)

① 白燕[bái yān]: 백연 또는 官燕[guǎn yān]이라고도 한다. 최고급품으로서 색이 희고, 잡물이 생기지 않는 것을 말한다. 동남아의 라오스, 태국 등지에서 주로 많이 나온다. (그림 재료)

② 血燕[xie yàn]: 紅燕[hóng yān]이라고도 한다. 붉은색이며 藥劑(약제)로 많이 사용하고 있다. (그림 재료 중 붉은색)

③ 毛燕[máo yān]: 灰燕[huī yān]이라고도 하는데, 회색빛을 띠고 제비 털과 잡물이 섞인 중급품이다.

④ 燕絲[yān sī]: 형태가 흐트러지고 이물질이 많이 섞인 하급품이다.

※ 제비집은 풍부한 단백질과 철, 염 등 광물질을 함유한 영양 식재료로서, 肺(폐), 기침, 염증, 健胃(건위) 등에 효능이 좋다.

fu tiǎo qiáng
佛跳墙

불도장

재료 1(해산물)	재료 2(보양물)	재료 3(채소류)	조미료(원탕)
전복 1개	동충초 1개	배추 10g	원탕 2컵
샥스핀 50g	녹각 1쪽	자연송이 1개	소흥주 1큰술
대하 1미	구기자 5개	초고 1개	소금 1큰술
건패주(불려서) 1개	산마 1쪽	생강 1쪽	후추 약간씩
불린 해삼 1쪽	인삼 1쪽		
	죽생 1개		
	대추 1개		

재료

과정

:: 만드는 방법

1. 먼저 재료 2의 전처리 과정을 거친 보양 재료를 불도장 그릇에 담고, 그다음에 재료 3의 채소류(한번 데쳐서)를 넣는다.

2. 팬에 원탕을 조미료 간을 하여 끓인 뒤 불도장 탕그릇에 붓는다.

3. 마지막에 재료 1의 해산물을 보기 좋게 올려 담고 뚜껑을 덮어서 찜통에 2시간 정도 쪄낸다.

＊ 佛跳墻(불도장)의 유래

이 요리의 유래는 청나라 光緖(광서) 2년(서기 1876년) 福州 揚橋巷의 한 閑官의 집에서 연회를 베푸는 과정에 관원의 처가 직접 주방에서 만든 요리이다. 닭, 오리, 돼지 내장, 돼지족, 양고기 등 20여 종류를 넣고 거기에 紹興酒(소흥주) 한 병을 넣어 만들었다 한다. 연회가 끝나고 이 요리가 여러 사람에게 극찬을 받게 되었다. 그 후 당대 유명한 요리사인 鄭春發이 관원부인을 몇 차례 찾아와 비법을 배워서 나중에 주재료로 해산물을 많이 이용하고, 육류는 조금만 넣어 맛을 더욱 담백하고 느끼하지 않게 만들어 냄으로써 불도장이란 요리가 더욱 유명해지기 시작하였다 한다.

翡翠干貝

fěi cuì gàn bèi

비취해선탕(비취깐패)

주재료	부재료	조미료	
패주(건) 8개	시금치 150g	육수 1컵	조미료 약간
게살 100g	다진 마늘 5쪽	청주 1큰술	참기름 약간
	계란 흰자 3개	소금 1큰술	물녹말 1큰술
		후추 약간	튀김기름 2컵

재료

❶

❷

❸

❹

❺

❻

❼

❽

❾

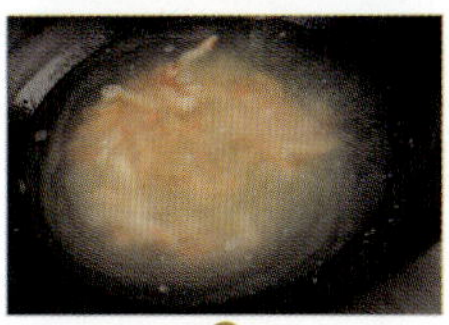
❿

⓫

⓬

:: 만드는 방법

1. 게살은 손으로 찢어서 준비하고 시금치는 씻어서 밑둥을 잘라낸다. 마늘은 다져놓고 계란 흰자만 따로 준비한다. (그림 재료)

2. 먼저 패주를 그릇에 담아 육수(1컵)를 부어서 찜통에 20분간 쪄낸다. (그림 ❶)

3. 믹서에 시금치와 물을 조금 넣고 갈아준다. (*칼로 곱게 다져도 된다.) (그림 ❷)

4. 갈아낸 시금치는 물기를 짜서 계란 흰자와 혼합하여 치대어 놓는다. (그림 ❸)

5. 120℃ 튀김기름에 시금치 반죽을 천천히 저어가며 완두콩 크기 입자로 올라오게 튀겨낸다. (그림 ❹~❺)

6. 익혀낸 시금치 반죽을 조리에 따라내고 팬에 마늘을 넣어 천천히 볶는다. (그림 ❻~❼)

7. 여기에 미리 찜통에 쪄낸 패주 육수를 붓고 패주는 곱게 찢어서 준비한다. (그림 ❽)

8. 육수가 끓으면 패주와 게살을 넣고 육수를 부어 간을 한다. (그림 ❾~❿)

9. 마지막에 익혀낸 시금치를 넣고, 물녹말로 걸쭉하게 만들어 낸다. (그림 ⓫~⓬)

suān la tāng

酸辣湯

쏸라탕

주재료	부재료	조미료(순서대로)	
두부 $\frac{1}{4}$모	생강(다진 것) 약간	육수 2컵	식초 1큰술
새우살 50g	표고 2장	간장 3큰술	물녹말 1큰술
돼지고기(닭고기) 50g	죽순 50g	청주 1큰술	참기름 약간
해삼 50g	파 약간	조미료 약간	
계란 1개	팽이버섯 $\frac{1}{2}$봉	소금 약간	
	무순(고수) 약간	후추 약간	

재료

❶

❷

❸

❹

❺

:: 만드는 방법

1. 두부는 0.3cm×5cm 길이의 채로 썰고, 모든 채소와 해삼, 고기도 채로 썰어놓는다. (그림 재료)

2. 팬에 육수 2컵(2인분)을 붓고 청주, 간장, 생강(다진 것)을 넣어 끓인다. (그림 ❶)
   *육수 – 원탕 만드는 방법 참고(p.64)

3. 모든 주재료와 부재료를 같이 넣고(두부, 고수는 남기고) 끓여서 거품을 제거한다. (그림 ❷~❸)

4. 탕이 끓으면 다시 두부를 넣고, 조미료를 순서대로 넣어 끓인다. (그림 ❹)

5. 탕이 끓으면 물녹말로 걸쭉하게 농도를 맞춘 뒤 계란을 중불에 뭉치지 않게 풀어서 넣고, 부드럽게 익어 오르면 참기름을 치고 그릇에 담아 무순(고수)을 띄워준다. (그림 ❺)

중국특선명요리

魚翅類
(상어지느러미류)

샥스핀 전처리 과정

蟹肉魚翅湯
게살샥스핀수프

해삼 불리는 방법

파기름 만들기

紅燒排翅
상어지느러미찜

三鮮魚翅
삼선어치

❶

❷

❸

❹

❺

❻

❼

❽

샥스핀 전처리 과정

:: 샥스핀(상어지느러미) 전처리 과정

1. 그림 ❶은 고급 중국요리에서 많이 사용하는 냉동 샥스핀이다.

2. 그림 ❷는 비교적 A급으로 말려서 수입한 상어지느러미다.
   *말린 샥스핀은 전처리 과정이 비교적 복잡하므로 간편하게 사용할 수 있는 냉동 샥스핀에 대해 설명한다.

3. 냉동 샥스핀을 양쪽 사이 부분을 잘라서 두툼한 부위는 잘라주고 끓는 물에 한번 데쳐서 깊은 팬에 담아놓는다. (그림 ❸)

4. 그림 ❹는 작은 샥스핀이다. 흐트러진 부분은 잘게 썰어서 큰 볼에 담는다.

5. 팬에 담아놓은 샥스핀에 파와 생강을 저며서 놓는다. (그림 ❺)

6. 육수를 끓여서 소금 간과 고량주를 넣어 다시 끓여 파기름을 넣고, 찜통에 담아놓은 샥스핀에 붓는다. (그림 ❻) *비율-육수 3컵에 소금 2큰술, 고량주 또는 술 2큰술

7. 샥스핀(냉동) 종류에 따라 찜통에서 30분 또는 2~3시간 찐다. (그림 ❼)

8. 잘 쪄낸 샥스핀은 파와 생강은 건져내고, 요리 종류에 따라 사용하면 된다. (그림 ❽)
   *전처리 후 식혀서 냉동 보관한다.

xiè ròu yu chì tāng

蟹肉魚翅湯

게살샥스핀수프

재료(2인분)	조미료		
샥스핀(냉동) 70g	파기름 1큰술	물녹말 약간	
게살 100g	청주 1큰술		
계란 흰자 1개	육수 2컵		
생강 약간	소금 10g($\frac{2}{3}$큰술)		
	후추 약간		
	참기름 약간		

재료

❶

❷

❸

❹

❺

❻

:: 만드는 방법

1. 게살은 가늘게 찢어놓고, 샥스핀은 끓는 물에 살짝 데쳐서 놓는다. (그림 ❶)

2. 계란 흰자를 그릇에 담아 거품이 생길 정도로 한쪽으로 잘 저어준다. (그림 ❷)
   *생강은 곱게 다진다.

3. 팬에 파기름을 두르고 뜨거워지면 생강(다진 것)과 청주를 넣어 향을 낸 뒤 바로 육수를 붓고 게살과 샥스핀을 넣는다. 여기에 소금, 조미료, 후추로 간을 하고 중불에서 끓인다. (그림 ❸~❹)

4. 팬에 수프가 끓어오르면 물녹말을 조금씩 풀어 농도를 맞춘 뒤 거품 낸 계란 흰자를 넣고 잘 저어서 참기름을 치고 그릇에 담아낸다. (그림 ❺~❻)

※ 샥스핀(상어지느러미)은 중국요리를 대표하는 고급 재료 중의 하나로 중국요리 재료상에서 구입할 수 있다.
마른 샥스핀과 냉동 샥스핀 두 가지로 판매되는데, 마른 샥스핀을 손질하는 것은 너무 어렵고 복잡하므로 반드시 냉동 샥스핀을 구입하여, 그중에서도 실처럼 손질된 수프용을 구입하여 사용하면 편리하다.

※ 샥스핀 전처리 과정 참조(p.76).

❶

❷

❸

❹

❺

❻

❼

❽

:: 건해삼 불리기

1. 건해삼의 구입상태. (그림 ❶)
2. 건해삼을 하루 정도 깨끗한 물에 담가 놓는다. (그림 ❷)
3. 다음날 끓는 물에 삶아서 식으면 다시 깨끗한 물로 갈아서 놓는다. (그림 ❸)
   *이 과정이 2일째 되는 사진이다.
4. 두 배 정도 불리면 가위로 안쪽으로 잘라서 깨끗한 물에 다시 끓여준다. (그림 ❹)
5. 해삼 내장을 제거한다. (그림 ❺)
6. 하나씩 해삼 내장피막도 깨끗이 제거해준다. (그림 ❻)
7. 굵은 소금으로 비벼주며 깨끗이 씻는다. (그림 ❼)
8. 다시 끓이고 식히는 방법을 3회 정도 반복하면 해삼이 커지면서 불려진다. (그림 ❽)

※ 깨끗한 물로 몇 회 갈아주어 잘 불린 해삼은 골라서 사용하고 냉동 보관하여도 된다.

전처리 과정 후 비교상태

해삼 불리는 방법

파기름 만들기

재료

대파 3개 양파 $\frac{1}{2}$개 생강 1쪽	식용유 1ℓ		

재료

❶

❷

❸

❹

❺

❻

:: 파기름 만드는 과정

1. 대파는 2등분으로 잘라주고, 생강은 크게 저며서 썰고, 양파는 껍질을 까서 준비한다. (*대파는 푸른 잎 부분만 사용해도 된다.) (그림 재료)

2. 먼저 팬에 기름을 담고 준비한 채소를 넣는다. (그림 ❶)

3. 레인지의 불을 켜서 팬에 기름온도를 높여 채소를 튀긴다. (그림 ❷)

4. 기름에 떠있는 채소가 노릇하게 튀겨지면 불을 줄여준다. (그림 ❸)

5. 채소가 완전히 검게 색이 변하면 레인지의 불을 끈다. (그림 ❹)

6. 팬에 기름이 식으면 채소를 건져서 버리고 스테인리스 용기에 담아 사용한다. (*파 튀긴 향이 기름에 배어서 색상이 약간 진하게 변한다.) (그림 ❺~❻)

hóng shāo pǎi chì

紅燒排翅

상어지느러미찜

재료(1인분)	부재료	조미료	
샥스핀 200g	생강 약간	파기름 1큰술	후추 약간
	청경채 1개	육수 $\frac{1}{2}$컵	로추 약간
	숙주나물 50g	간장 1작은술	물녹말 1큰술
		청주 1큰술	참기름 약간
		굴소스 1큰술	

재료

❶

❷

❸

❹

❺

❻

:: 만드는 방법

1. 전처리 과정을 거친 냉동 상어지느러미를 먼저 쪄서 준비하고, 청경채와 숙주는 다듬어서 준비한다. (그림 재료)

2. 청경채는 잘 씻어서 끓는 물에 살짝 데쳐서 먹기 좋은 길이로 썰어 놓고, 생강은 다져서 놓는다.

3. 팬에 기름을 살짝 두르고 먼저 숙주나물을 볶는다. (그림 ❶)

4. 바로 청경채를 넣어 다시 살짝 볶다가 육수(2큰술 정도와 소금 약간)를 넣어 물녹말로 살짝 버무린다. (그림 ❷)

5. 1인분 접시에 보기 좋게 담는다. (그림 ❸)

6. 데쳐낸 샥스핀은 물기를 제거 후 숙주에 올린다. (그림 ❹)

7. 팬에 파기름을 넣고 뜨거워지면 생강을 넣고 간장, 청주로 향을 내고 바로 육수를 붓는다. 여기에 굴소스, 조미료로 간을 하고 끓으면 물녹말로 걸쭉하게 소스를 만들어 샥스핀 위에 부어낸다. (그림 ❺~❻)

sān xiān yu chì
三鮮魚翅
삼선어치

주재료
샥스핀 150g
해삼(불린 것) 1마리
전복, 패주 1개씩
중새우 5마리
쇠고기 70g
계란, 녹말 약간
*튀김기름 약간

부재료
표고 3장
죽순 $\frac{1}{2}$개
청경채 1개
대파 $\frac{1}{2}$쪽
마늘 3쪽
생강 약간

조미료
파기름 2큰술
간장 1큰술
청주 1큰술
육수 1컵
굴소스 1큰술
로추, 후추 약간씩
물녹말 2큰술
참기름 약간

재료

①

②

③

④

⑤

⑥

⑦

⑧

⑨

⑩

⑪

:: 만드는 방법

1. 불린 해삼, 전복, 패주, 표고버섯, 죽순은 모두 얇은 편으로 썰고 쇠고기도 편으로 썰어서 준비한다. 샥스핀도 준비한다. (그림 재료)
2. 중새우는 등 쪽에 칼집을 내고 쇠고기와 같이 밑간하여 계란, 녹말을 묻혀서 버무려놓는다. (그림 ①)
3. 팬에 기름을 넣어 버무린 새우와 쇠고기를 먼저 기름에 살짝 익혀 낸다. (그림 ②~③)
4. 주재료의 해물과 부재료의 채소를 끓는 물에 한번 데쳐서 조리에 받쳐준다. (그림 ④~⑤)
5. 팬에 파기름을 넣고 기름이 뜨거워지면 파, 마늘, 생강을 넣어 볶다가 간장으로 향을 내고 바로 데쳐 낸 재료를 넣어 청주와 같이 고루 볶아준다. (그림 ⑥~⑦)
6. 채소가 익으면 육수를 붓고 여기에 조미료, 굴소스, 후추로 간을 하고 먼저 익혀낸 새우와 고기를 넣어 다시 고루 볶는다. (그림 ⑧~⑨)
7. 여기에 물녹말을 약간 되게 풀고 참기름을 치고 볶아서 완성 접시에 담는다. 불려놓은 샥스핀을 물기 없이 하여 해산물 위에 올려놓는다. (그림 ⑩~⑫)
8. 다시 팬을 깨끗이 한 뒤 파기름(2큰술)을 넣어 뜨거워지면 파, 생강, 간장으로 향을 낸다. (그림 ⑬)
9. 여기에 육수를 붓고 굴소스로 간을 한 뒤 물녹말을 조금씩 풀어 넣어 기름과 잘 혼합되면 소스를 샥스핀 위에 골고루 끼얹어 낸다. (그림 ⑭~⑮)

⑫

⑬

⑭

⑮

중국특선명요리

海蔘, 鮑魚類
(해삼, 전복류)

一品鮮鮑
일품전복

南瓜海鮮
단호박삼선

木瓜海鮮
파파야삼선

紅燒海參
홍소해삼

一品海參
일품해삼

金絲烏龍
금사오룡

家常海參
가상해삼

爆双脆
폭쌍취

hóng shāo hǎi shēn

紅燒海參

홍소해삼

재 료	부재료	조미료	
불린 해삼 6마리	대파 3개	파기름 2큰술	로추 1잔은술
	깐마늘 3개	육수 1컵	설탕 1작은술
		간장 1작은술	참기름 약간
		청주 1큰술	물녹말 1큰술
		굴소스 1큰술	

재료

❶

❷

❸

❹

❺

❻

❼

:: 만드는 방법

1. 불린 해삼(작은 것) 6마리. 대파는 6cm 정도로 통으로 썰고, 마늘은 굵게 저며서 준비한다. (그림 재료)

2. 먼저 불린 해삼을 끓는 물에 1분간 삶아서 물기를 제거한다. (그림 ❶)

3. 삶아낸 해삼은 육수(원탕)를 끓여서 넣고 소금 간을 하여 다시 1분간 끓여서 그릇에 담아놓는다. (그림 ❷)

4. 팬에 파기름을 두르고 뜨거워지면 통 대파를 넣어 튀긴다. (그림 ❸)

5. 대파가 갈색이 나게 튀겨지면 마늘을 넣고 다시 볶아준다. (그림 ❹)

6. 팬에 대파와 마늘이 노릇하게 튀겨지면 여기에 간장을 붓고 끓여놓은 해삼을 넣어 볶아준다. (그림 ❺)

7. 해삼을 볶은 뒤 바로 청주를 넣고 육수를 부어 조미료 간을 한다. (그림 ❻)

8. 팬에 해삼이 끓으면 물녹말을 넣어 걸쭉하게 만든 뒤 참기름을 치고 접시에 낸다. (그림 ❼)

yī pǐn hǎi shēn
一品海参
일품해삼

재 료	부재료	조미료	물녹말 1큰술
불린 해삼 5마리	깐 은행 15알	파기름 1큰술	
새우살 200g	청채 약간	청주 1큰술	
계란 흰자 1개	생강, 파 약간씩	육수 1컵	
녹말가루 1큰술		조미료 약간	
청주, 소금, 후추 약간씩		참기름, 후추 약간씩	

재료

❶

❷

❸

❹

❺

❻

❼

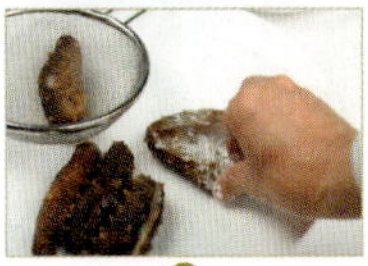
❽

❾

❿

⓫

⓬

⓭

⓮

⓯

:: 만드는 방법

1. 불린 해삼은 깨끗이 씻어서 준비하고, 깐 은행, 새우살도 준비한다. (그림 재료)
2. 새우살은 칼로 살짝 쳐서 으깨준 뒤 다시 칼 등으로 곱게 다져서 준비한다. (그림 ❶~❷)
3. 그릇에 다진 새우를 담고 여기에 생강(다진 것), 소금, 후추로 간을 한다. (그림 ❸)
4. 새우 간을 한 뒤 계란 흰자와 녹말가루를 넣어 잘 치대어서 새우 반죽을 만든다. (그림 ❹~❺)
5. 불린 해삼은 끓는 물에 푹 삶아서 물기를 제거한 뒤 하나씩 속을 닦아낸다. (그림 ❻~❼)
6. 해삼 안쪽으로 녹말가루를 묻히고 여기에 새우 반죽을 소복이 담아서 속박이 한 뒤 은행을 3cm 간격으로 녹말을 묻혀서 꼽아준다. (그림 ❽~❿)
7. 김이 오른 찜통에 8분간 쪄낸다. (그림 ⓫~⓬)
8. 팬에 기름을 조금 두르고 푸른 채소를 살짝 볶아서 접시에 깔고 잘 쪄낸 해삼속박이를 위에 보기 좋게 올려 담는다. (그림 ⓭)
9. 깨끗한 팬에 기름을 두르고 생강(다진 것)을 넣어 육수를 붓고 소금 간을 한 뒤 물녹말로 걸쭉하게 만들어 해삼속박이 위에 소스를 얹어 낸다. (그림 ⓮~⓯)

jīn sī wū lóng
金絲烏龍
금사오룡

주재료	부재료	조미료	
불린 해삼 3마리	청, 홍고추 $\frac{1}{4}$개씩	고추기름 2큰술	설탕 $\frac{1}{2}$큰술
새우살 150g	대파 $\frac{1}{2}$개	간장 1큰술	후추, 참기름 약간씩
계란 흰자 1개	마늘, 생강 약간씩	청주 1큰술	물녹말 1큰술
녹말가루 1큰술		육수 1컵	*튀김기름
청주, 소금, 후추 약간씩		굴소스 1큰술	

재료

❶

❷

❸

❹

❺

❻

❼

❽

:: 만드는 방법

1. 새우속박이 한 해삼과 부재료의 채소는 곱게 채로 썰어서 준비한다. (그림 재료)
   *일품해삼 조리과정 참고(p.91).

2. 먼저 새우속박이 한 해삼을 3cm 정도 크기로 썰어 놓는다. (그림 ❶)

3. 접시에 녹말가루를 뿌려놓고 새우속박이 한 해삼에 하나씩 녹말가루를 묻혀준다. (그림 ❷)

4. 150℃ 튀김기름에 녹말가루를 묻힌 해삼을 하나씩 튀긴다. (그림 ❸)

5. 새우속박이 해삼이 바삭하게 튀겨지면 기름조리에 담아 놓는다. (그림 ❹)

6. 팬에 고추기름을 두르고 뜨거워지면 부재료 채소를 넣고 볶다가 간장, 청주로 향을 내고 바로 육수를 부어 여기에 조미료 간을 한다. (그림 ❺~❻)

7. 팬에 소스가 끓어오르면 여기에 튀겨낸 새우속박이 해삼을 넣어 간이 배게 중불에 약간 졸인다. (그림 ❼)

8. 팬에 소스가 약간 졸여지면 여기에 물녹말을 풀고 참기름을 쳐서 볶아낸다. (그림 ❽)

jiā cháng hǎi shēn

家常海參

가상해삼

※ 家常味(가상미)는 四川지방에서 민간인들이 즐겨먹은 家庭요리로 사천지방의 대표적인 요리의 맛이다. 해삼을 이용한 사천요리의 가상해삼은 비록 요리역사는 길지 않지만 중국 전국의 미식가들에게 호평을 받으며 해삼요리의 名요리로 꼽히고 있다.

주재료	부재료	조미료	
불린 해삼 6마리	숙주나물 100g	고추기름 2큰술	굴소스 1큰술
돼지고기 100g	대파 1개	두반장 1큰술	설탕 1큰술
	깐 마늘 3개	육수 1컵	참기름, 후추 약간씩
	생강, 홍고추 약간씩	간장 1작은술	물녹말 1큰술
		청주 1큰술	

재료

①

②

③

④

⑤

⑥

⑦

⑧

⑨

⑩

:: 만드는 방법

1. 불린 해삼은 깨끗이 씻어서 준비하고, 숙주는 양쪽을 다듬어준다. 대파와 홍고추, 마늘은 송송 썰어서 놓는다. (그림 재료)

2. 불린 큰 해삼은 편으로 썰어서 (*p.89 홍소해삼 전처리 과정 참고) 끓은 육수물에 1분간 삶아서 물기를 제거한다. (그림 ①)

3. 팬에 고추기름을 두르고 뜨거워지면 먼저 돼지고기(다진 것)를 넣어 골고루 볶아준다. (그림 ②)

4. 팬에 고기가 익으면 여기에 간장을 넣어 볶는다. (그림 ③)

5. 고기에 간장 간이 배면 여기에 두반장과 파, 마늘, 생강, 홍고추를 넣고 골고루 볶아준다. (그림 ④~⑤)

6. 여기에 전처리한 해삼을 넣고 청주를 넣어 다시 볶아준다. (그림 ⑥)

7. 팬에 육수를 붓고 끓으면 조미료 간을 하고 중불에서 1분간 끓여준 뒤 여기에 물녹말을 풀고 참기름을 쳐서 볶아준다. (그림 ⑦)

8. 다른 팬에 기름을 조금 두르고 숙주를 살짝 볶아 접시에 먼저 깔아놓는다. (그림 ⑧~⑨)

9. 팬에 볶은 해삼요리를 숙주나물 위에 올려 담는다. (그림 ⑩)

bào shuāng cuì

爆双脆

폭쌍취

재 료	부재료	조미료	
전복 3개	표고 3장	고추기름 2큰술	물녹말 1큰술
패주 3개	죽순 ½개	간장 1큰술	참기름 약간
	은행 10알	청주 1큰술	
	청, 홍피망 약간씩	육수 컵	
	대파 ½대	후추 약간	
	마늘 3쪽	굴소스 약간	
	생강 약간	조미료, 소금 약간	

재료

❶

❷

❸

❹

❺

❻

❼

❽

❾

❿

⓫

:: 만드는 방법

1. 전복은 잘 삶아서 내장을 제거한 후 깨끗이 씻어 먼저 하나씩 칼집을 3쪽으로 낸다. (그림 ❶)

2. 관자도 질긴 부위를 도려낸 뒤 가로세로로 깊게 넣고 뒤쪽에서 3~4쪽 썰어 준다. (그림 ❷~❸)

3. 부재료의 채소는 긴네모꼴로 썰고 마늘은 편으로, 생강은 다져서 준비한다. (그림 ❹)

4. 팬에 기름을 넉넉히 두르고 뜨거워지면 전복과 패주를 넣어 기름에 데치고, 바로 채소를 같이 넣고 데쳐서 기름조리에 담아낸다. (그림 ❺~❼)

5. 팬에 고추기름을 두르고 대파, 마늘, 생강을 넣어 볶다가 간장, 청주로 향을 낸 후 육수를 붓고 굴소스, 소금으로 간을 맞춘다. (그림 ❽~❾)

6. 팬에 소스가 끓어오르면 기름에 데쳐낸 재료를 넣어 빨리 볶은 뒤 물녹말로 걸쭉하게 하여 참기름을 치고 낸다. (그림 ❿~⓫)

※ 전복과 패주요리는 빠른 속도로 볶아내야 연한 맛과 신선한 맛을 살릴 수 있다.

yī pǐn xiān bào

一品鮮鮑

일품전복

주재료	부재료	조미료	
전복 5개	표고버섯 1개	파기름 2큰술	물녹말 $\frac{1}{2}$큰술
	죽순 $\frac{1}{4}$개	육수 반컵	
	청, 홍고추 $\frac{1}{4}$개씩	간장 1작은술	
	당근, 셀러리 약간씩	청주 1큰술	
	대파, 생강 약간씩	굴소스 1작은술	
	*청채, 고수 약간(마지막에 장식한다)	후추, 설탕 약간씩	
		참기름 약간	

전처리 1

전처리 2

전처리 3

전처리 4

재료

❶

❷

❸

❹

❺

❻

❼

:: 만드는 방법

1. 생전복은 끓는 물에 삶아서 내장을 제거한다. (그림 전처리 1~4)

2. 전복살과 부재료의 채소는 곱게 다져서 준비한다. (그림 재료)

3. 먼저 전복살에 칼로 깊게 칼집을 내어 그물망 모양으로 만든다. (그림 ❶~❷)

4. 전복을 끓는 물에 살짝 데쳐서 껍질 안에 담아놓는다. (그림 ❸~❹)

5. 팬에 파기름을 두르고 뜨거워지면 파, 생강과 채소를 넣어 볶아준다. (그림 ❺)

6. 여기에 간장, 청주로 향을 내고 육수를 부어 간을 한 뒤 물녹말로 걸쭉하게 만들어 참기름을 친다. (그림 ❻)

7. 양념소스를 전복에 하나씩 담아낸다. (그림 ❼)

nán guǎ hǎi xiān

南瓜海鮮

단호박삼선

주재료	부재료	조미료	
단호박 5개	초고버섯 3개	파기름 1큰술	물녹말 1큰술
전복 2개	자연송이 2개	간장 $\frac{1}{2}$큰술	
불린 해삼 1개	은행 15개	청주 1큰술	
갑오징어살 1개	청, 홍고추 $\frac{1}{2}$개씩	육수 $\frac{1}{2}$컵	
중새우 5마리	대파 $\frac{1}{2}$개	굴소스 $\frac{1}{2}$큰술	
패주 2개	마늘 3개	설탕, 후추 약간씩	
	생강 약간	참기름 약간	

①

②

③

④

⑤

⑥

⑦

⑧

⑨

⑩

⑪

:: 만드는 방법

1. 먼저 단호박을 $\frac{1}{4}$로 잘라 속을 칼로 다듬어 주고 호박씨를 파내서 찜통에 30분간 쪄낸다. (그림 ①~④)

2. 주재료의 해산물과 부재료의 채소를 전처리(손질)한다. (그림 ⑤~⑥)

3. 전처리 과정을 끝낸 해물과 채소(파, 마늘, 생강만 빼고)는 끓는 물에 한번 살짝 데쳐낸다. (그림 ⑦)

4. 팬에 파기름을 두르고 뜨거워지면 먼저 파, 마늘, 생강을 넣어 향을 내고 바로 간장, 청주를 넣고 볶으면서 데쳐낸 해물을 넣어 볶는다. (그림 ⑧~⑨)

5. 볶은 해물에 육수를 붓고 여기에 조미료 간을 하고 물녹말로 걸쭉하게 만든 뒤 참기름을 친다. (그림 ⑩)

6. 잘 쪄낸 단호박 속에 보기 좋게 담아낸다. (그림 ⑪)

mù guǎ hǎi xiān
木瓜海鲜
파파야삼선

주재료	부재료	조미료	
파파야 5개	초고버섯 3개	파기름 1큰술	물녹말 1큰술
전복 2개	자연송이 2개	간장 $\frac{1}{2}$큰술	
불린 해삼 1개	은행 15개	청주 1큰술	
갑오징어살 1개	청, 홍고추 $\frac{1}{2}$개씩	육수 $\frac{1}{2}$컵	
중새우 5마리	대파 $\frac{1}{2}$개	굴소스 $\frac{1}{2}$큰술	
패주 2개	마늘 3개	설탕, 후추 약간씩	
	생강 약간	참기름 약간	

재료

❶

❷

❸

❹

:: 만드는 방법

1. 먼저 파파야를 $\frac{1}{4}$로 잘라서 수저로 씨만 제거하고 속을 떠먹기 좋게 파서 담는다. (그림 ❶~❸)

2. 주재료의 해산물과 부재료의 채소를 전처리(손질)한다. (그림 ❹)

※ 해물삼선 볶는 조리과정은 단호박 삼선 만드는 과정과 동일하게 하면 된다.

중국특선명요리

蝦, 蟹肉, 魚類 (새우, 게살, 생선류)

干烹蟹腿 깐풍게살(사라게살)	干燒蝦仁 간소중하	芙蓉蟹肉 부용게살
腰纏万贯蝦 베이컨새우튀김	沙拉蟹手 게집게튀김	芙蓉干貝 부용깐패
地豆脆蝦 띠또새우	干燒大蝦 깐쇼대명하	波蘿魚塊 파라어괴
溜三絲 류산슬	鍋塌蝦 궈타햐	清蒸鮮魚 우럭찜간장소스 생선 전처리 과정
油爆魷魚花 오징어살볶음	沙拉蝦仁 사라하인 사라소스만들기	姜粒蟹箝 게집 게살생강찜
蒜苔魷魚頭 오징어마늘종볶음		

fu róng xiè ròu

芙蓉蟹肉

부용게살

재 료	부재료	조미료	*튀김기름
게살 150g	청경채(비타민) 50g	식용유 1컵	
계란 5개	소금 약간	육수 반 컵	
연유 2큰술		소금 1작은술	

재료

❶

❷

❸

❹

❺

❻

❼

❽

❾

:: 만드는 방법

1. 게살(냉동)은 해동 후 물기를 제거하고 연유와 청경채(비타민), 계란 4~5개를 준비한다. (그림 재료)

2. 먼저 게살을 손으로 찢어서 놓고, 계란은 흰자만 분리해놓는다. (그림 ❶)

3. 팬에 기름을 조금 두르고 청경채(비타민)를 살짝 볶아서 접시 가장자리에 담는다. (그림 ❷~❸)

4. 그릇에 계란 흰자를 담고 여기에 연유(2큰술)를 부어 거품이 생기지 않게 저어준다. (그림 ❹)

5. 팬에 기름 1컵 정도를 부어 110℃ 온도에 계란 흰자를 넣고 국자로 천천히 저어주어 흰자가 부드럽게 올라오도록 만든다. (그림 ❺)

6. 계란 흰자를 기름조리에 따라놓는다. (그림 ❻)

7. 계란 흰자를 튀겨낸 팬에 생강(다진 것)과 게살을 넣고 육수를 부어 소금 간 한 뒤 튀겨낸 계란 흰자를 넣고 물녹말로 살짝 버무려서 접시 중앙에 담아낸다. (그림 ❼~❾)

fu róng gàn bèi

芙蓉干貝

부용깐패

재 료	부재료	조미료	
패주(불려서) 4개	계란 5개	파기름 1작은술	조미료 약간
대파, 생강 약간씩	소금 약간	육수 반 컵	참기름 약간
완두콩 약간		소금 1작은술	물녹말 1큰술

재료

❶

❷

❸

❹

❺

❻

:: 만드는 방법

1. 건패주는 찜통에 쪄서 손으로 찢어서 놓고 대파, 생강은 다져서 준비한다. (그림 재료)

2. 계란 흰자만 그릇에 담아 여기에 육수를 부어서 거품이 생기지 않게 저어놓는다. (그림 ❶)

3. 찜통에 들어갈 용기에 계란 흰자를 담고, 여기에 소금 간을 약간 하여 20분간 찐다. (*찜기통을 조금 열어서 계란 흰자가 부풀지 않게 만든다.) (그림 ❷~❸)

4. 팬에 기름을 두르고 준비한 패주, 파, 생강, 완두콩을 넣어 살짝 볶은 뒤 육수를 넣고 끓인다. (그림 ❹~❺)

5. 패주소스가 끓으면 소금 간을 하고 물녹말로 약간 걸쭉하게 만든 뒤 참기름을 치고 미리 쪄서 만든 계란 흰자에 부어 낸다. (그림 ❻~❼)

bo luó yu kuài
波蘿魚塊
파라어괴

주재료	부재료	조미료(파인애플소스)	
파인애플 1개	양파 $\frac{1}{2}$개	식용유 1큰술	설탕 5큰술
흰 생선살 150g	청, 홍고추 $\frac{1}{2}$개씩	간장 $\frac{1}{2}$큰술	식초 2큰술
계란 약간	생강 약간	청주 1큰술	물녹말 1큰술
녹말가루 반 컵		물 $\frac{1}{2}$컵	*튀김기름
		파인애플즙 $\frac{1}{2}$컵	

재료

①

②

③

④

⑤

⑥

⑦

⑧

⑨

⑩

:: 만드는 방법

1. 파인애플(골드), 흰 생선살, 부재료 준비. (그림 재료)
2. 파인애플은 $\frac{1}{3}$정도로 그림과 같이 길게 자른다. (그림 ①)
3. 과일칼로 주변을 잘라서 속을 파내고 파낸 파인애플은 $\frac{2}{3}$는 즙으로 갈아서 준비한다. (그림 ②~③)
4. 나머지 파인애플은 부재료의 채소 크기로 썰고, 흰 생선살도 막대형으로 썰어서 준비한다. (그림 ④)
5. 흰 생선살에 계란, 녹말을 묻혀서 튀김반죽을 만든다. (그림 ⑤)
6. 160℃ 튀김기름에 하나씩 튀겨주고 다시 두 번 정도 바삭하게 튀겨낸다. (그림 ⑦)
7. 기름을 따라낸 팬에 생강(다진 것)과 채소, 파인애플을 넣어 볶다가 파인애플소스를 같이 넣어 끓인다. (그림 ⑧~⑨)
8. 소스가 끓으면 물녹말을 살짝 풀고 미리 튀겨낸 흰 생선살과 같이 버무려서 파인애플 속에 담아낸다. (그림 ⑩)

清蒸鮮魚

qīng zhēng xiān yu

우럭찜간장소스

생선 전처리 과정

1. 생선을 깨끗이 씻어서 놓는다. (그림 ❶)
2. 먼저 비닐을 제거한다. (그림 ❷)
3. 아가미 부분과 내장을 제거한다. (그림 ❸)
4. 생선찜요리를 하기 위해 칼집을 넣는다. (그림 ❹~❺)

재료 1	재료 2	조미료(간장소스)	
우럭 1마리	홍고추 1개	육수 1컵	후추 약간
소금 1큰술	고수 약간	청주 2큰술	파기름 5큰술(마무리에 사용)
청주 1큰술	생강 1쪽(전처리에 공통 사용)	소금 1큰술	
	팔각 3개	조미료 약간	
	대파 2개(전처리에 공통 사용)	생선간장소스 반 컵	

재료

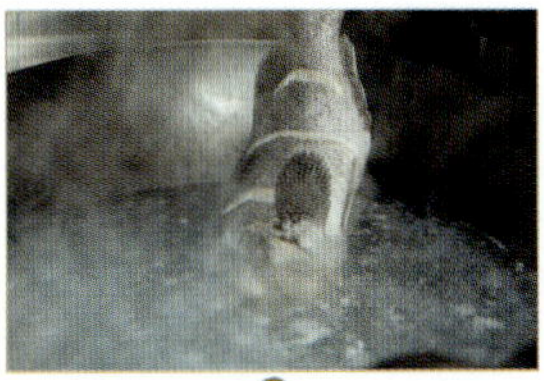

❶

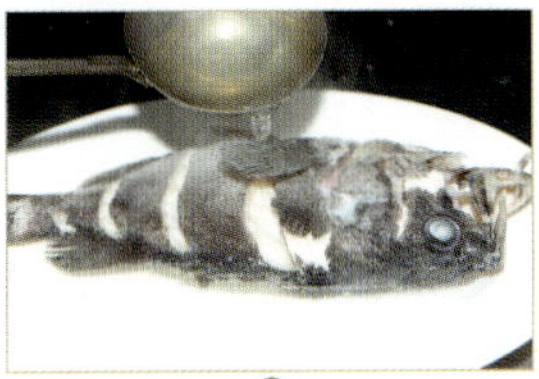

❷

❸

❹

❺

❻

❼

:: 만드는 방법

1. 우럭(생선)은 비늘과 내장을 제거하고 깨끗이 씻어서 양쪽에 2cm 간격으로 칼집을 내고 다시 가운데 길게 칼집을 낸다. *생선 전처리 과정 참조.
2. 손질한 생선은 끓는 물에 살짝 데쳐서 소금을 고루 뿌리고, 준비한 생선 접시에 대파를 길게 놓고 그 위에 생선을 올려놓는다. 바로 팬에 육수를 끓여서 소금 간을 하고, 생선 접시에 찰박하게 붓는다. (그림 ❶~❷)
3. 접시에 올려놓은 생선에 생강편과 대파, 팔각을 올려 담는다. (그림 ❸) *여기에 파기름을 1큰술 정도 넣는다.
4. 김이 오른 찜통에 7~8분간 쪄낸다. (그림 ❹)
5. 찜통에서 꺼낸 생선은 흩어지지 않게 파, 생강, 팔각을 건져내고 간장소스를 끓여서 넉넉히 붓는다. (그림 ❺)
6. 파, 홍고추, 생강을 곱게 채로 썰어서 생선 위에 뿌려준다. (그림 ❻)
7. 다시 팬에 파기름을 뜨겁게 달구어서 파와 생강 위에 향이 나게 고루 뿌려주고, 고수를 올려준다. (그림 ❼)

※ 이 요리에는 도미와 우럭 등 계절에 따라 선별하여 사용하기도 한다.

생선 전처리 과정

❶

❷

❸

❹

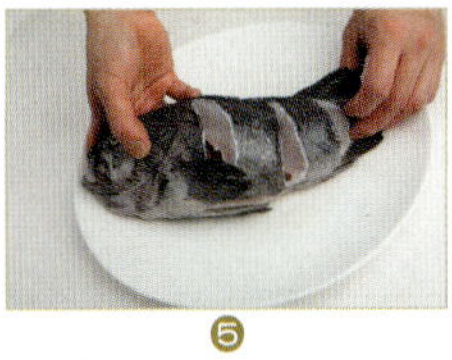

❺

jiāng lì xie qián

姜粒蟹箝

게집게살생강찜

주재료	부재료	조미료(생강소스)	
게 집게살 8개	대파 $\frac{1}{2}$개	육수 반 컵	파기름 1큰술
	고수 약간	청주 1큰술	
	생강(다져서) $\frac{1}{2}$쪽	소금 1작은술	
	물녹말 5큰술	후추 약간	

재료

❶

❷

❸

❹

❺

❻

❼

:: 만드는 방법

1. 해동시킨 게 집게살(냉동)과 고수, 대파, 생강은 다져서 준비한다. (그림 재료)
2. 먼저 게 집게살 한쪽 부위를 칼등으로 쳐서 한쪽 집게를 제거한다. (그림 ❶~❸)
3. 그릇에 물녹말 5큰술을 만들어 게 집게살에 골고루 뿌려준다. (그림 ❹)
4. 찜통에 들어갈 접시에 물녹말을 묻힌 게 집게살을 담는다. 소스볼에 조미료를 넣어 혼합한 뒤 생강 다진 것을 넣고 생강소스를 만들어 골고루 끼얹는다. (그림 ❺)
5. 찜통에 찌기 전에 게 집게살에 파기름을 고루 바른 뒤 김이 오른 찜통에 6분간 쪄낸다. (그림 ❻)
6. 잘 쪄낸 게 집게살을 완성 접시에 다시 담고 남은 생강소스를 조금씩 끼얹어 마지막에 다진 파와 고수를 뿌려준다. (그림 ❼)

gān shāo xiā rén
干燒蝦仁
간소중하

주재료	부재료	조미료	
중새우 10마리	대파 $\frac{1}{2}$쪽	고추기름 2큰술	식초 1큰술
계란 $\frac{1}{2}$개	마늘 3쪽	청주 1큰술	참기름 약간
녹말 $\frac{1}{2}$컵	생강 약간	두반장 1큰술	물녹말 1큰술
	홍고추 $\frac{1}{2}$개	육수 $\frac{1}{2}$컵	*튀김기름
		설탕 3큰술	
		케첩 1큰술	

재료

❶

❷

❸

❹

❺

❻

:: 만드는 방법

1. 중새우는 꼬리 부분만 남기고 껍질을 벗겨 등 쪽으로 길게 칼집을 내어 내장을 제거한다. (그림 재료)
   *부재료의 대파, 홍고추는 쌀알 크기로 송송 썰고, 마늘과 생강도 곱게 다져서 놓는다.

2. 계란과 된 녹말로 튀김반죽을 만든다. (그림 ❶)

3. 손질해놓은 새우를 튀김반죽에 하나씩 골고루 잘 묻혀 놓는다. (그림 ❷)

3. 튀김기름 160℃에서 두 번 정도 바삭하게 튀겨준다. (그림 ❸)

4. 한번 튀겨 낸 새우를 다시 센 불에 두세 번 바삭하게 튀겨준다. (그림 ❹)

5. 팬에 고추기름을 두르고 뜨거워지면 부재료의 파, 홍고추, 마늘, 생강을 넣어 볶다가 청주와 두반장을 넣고 볶는다. (그림 ❺)

6. 팬에 육수를 붓고 토마토케첩, 설탕, 식초를 넣어 간을 하고 끓으면 물녹말로 약간 걸쭉하게 한 뒤 바로 튀겨낸 새우를 넣어 참기름을 치고 버무려낸다. (그림 ❻)

sha la xiè shǒu
沙拉蟹手
게집게튀김

재 료		부재료
게 집게살 10개	청주 1큰술	빵가루 100g
새우살 300g	소금, 후추 약간씩	녹말가루 50g
생강(다진 것) 약간	계란 흰자 1개	*튀김기름
	녹말가루 50g	

재료

❶

❷

❸

❹

❺

❻

:: 만드는 방법

1. 게 집게살(냉동)은 해동 후 물기를 꼭 짜주고, 새우살은 곱게 다진다. (그림 재료)
2. 먼저 새우살에 생강(다진 것)과 청주, 소금, 후추 간을 하고 계란 흰자와 녹말가루를 넣어 새우반죽을 만든다. 다음에 게 집게살에 녹말가루를 하나씩 묻혀준다. (그림 ❶)
3. 녹말가루를 묻힌 게 집게살에 새우반죽을 하나씩 묻혀서 발라준다. (그림 ❷)
4. 새우반죽을 묻힌 게 집게살에 다시 빵가루를 골고루 묻혀서 준비한다. (그림 ❸~❹)
5. 빵가루를 잘 묻힌 게 집게살은 기름조리에 담아 130℃ 튀김기름에 넣고 천천히 노릇하게 튀겨낸다. (그림 ❺~❻)
6. 접시에 담고 취향에 따라 크림소스 또는 서양겨자소스를 뿌려주고 소스 접시에 따로 담아서 내도 된다.

   *크림소스(사라소스) 만드는 법은 p.125 참고.

干燒大明蝦
gān shāo dà míng xiā

깐쇼대명하

주재료	부재료	조미료	
대하 5마리	대파 $\frac{1}{2}$대	고추기름 3큰술	설탕 5큰술
	마늘 5쪽	두반장 1큰술	식초 2큰술
	생강 약간	청주 1큰술	물녹말 약간
	홍고추 $\frac{1}{2}$개	육수 1컵	

❶

❷

❸
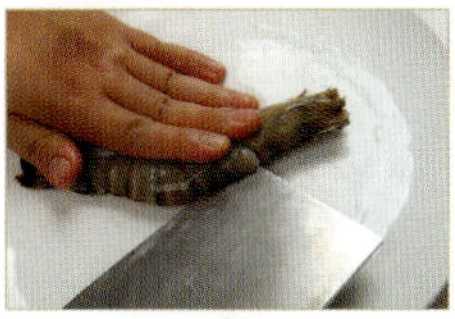
❹
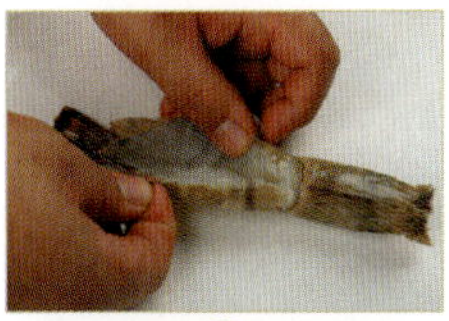
❺

❻

❼

❽

❾

❿
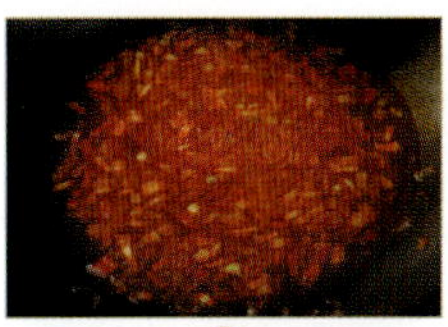
⓫
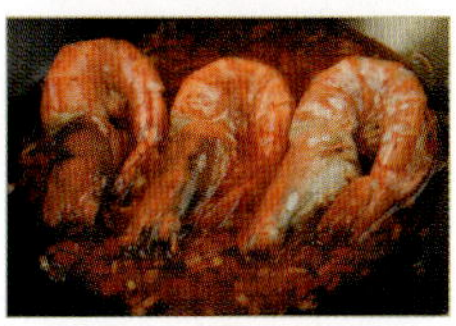
⓬

⓭

⓮

:: 만드는 방법

1. 대하는 머리 앞부분과 다리 부분을 가위로 자르고 칼로 새우등 쪽부터 칼집을 깊게 넣어 내장을 제거한다. (그림 ❶~❺)

2. 전처리가 된 대하를 조리에 담아서 160℃ 뜨거운 튀김기름에 넣고 튀긴다. (그림 ❼)

3. 바삭하게 튀겨낸 왕새우는 기름에서 건져낸다. (그림 ❽)

4. 부재료의 대파, 마늘, 생강을 송송 썰고, 다져서 한번 튀겨낸 왕새우와 같이 준비한다. (그림 ❾)

5. 팬에 고추기름을 두르고 뜨거워지면 채소를 같이 넣고 볶아준다. (그림 ❿)

6. 채소를 볶으면서 바로 청주와 두반장을 넣어 볶고 여기에 육수를 부어 조미료 간을 한다. (그림 ⓫)

7. 튀겨놓은 왕새우를 소스에 넣고, 뚜껑을 덮고 중불에서 1~2분간 조린다. (그림 ⓬~⓭)

8. 왕새우에 소스가 스며들고 졸여지면 물녹말을 약간 풀어서 접시에 낸다.

guo tā xia
鍋塌蝦
궈타햐

주재료	부재료	조미료	
왕새우 5마리	대파 $\frac{1}{2}$개	육수 $\frac{1}{2}$컵	식초 1큰술
청주 1작은술	피망, 홍고추 $\frac{1}{2}$개씩	간장 1작은술	물녹말 약간
소금 1큰술	마늘 5쪽	청주 1큰술	*튀김기름 3큰술
후추 약간	생강 약간	설탕, 후추 약간씩	
녹말가루 5큰술		굴소스 1큰술	

재료

❶

❷

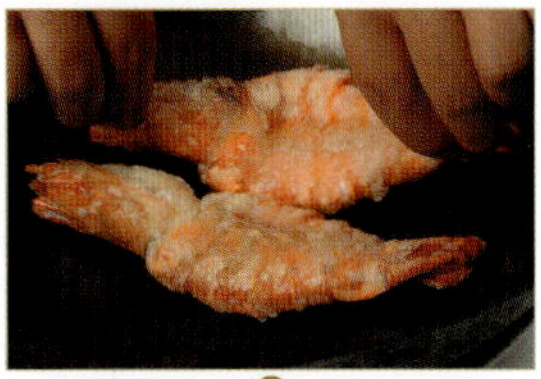
❸

❹

❺

❻

:: 만드는 방법

*부재료의 채소는 곱게 채로 썰어서 준비한다.

1. 왕새우는 전처리 작업 후 접시에 하나씩 펴서 주재료의 소금, 후추 간을 한다. (그림 ❶)

2. 녹말가루에 왕새우를 하나씩 눌러가며 골고루 묻혀준다. (그림 ❷)

3. 팬에 기름을 3큰술 정도 넣어 뜨겁게 달군 뒤에 왕새우를 하나씩 팬에 넣어 지지듯 앞뒤로 튀겨준다. (그림 ❸)

4. 왕새우가 노릇하게 지져지면 팬 한쪽에서 부재료(전부 채로 썰어)를 넣고 여기에 조미료소스를 차례로 넣는다. (그림 ❹)

5. 팬에 왕새우와 소스가 어우러지면 불을 약간 줄여서 소스양념이 왕새우에 스며들게 한다. (그림 ❺)

6. 양념간이 배도록 완전히 익힌 왕새우를 꺼내 한 마리를 3등분으로 썰어서 접시에 담고, 양념과 채소를 새우에 얹어준다. (그림 ❻)

   *소스가 너무 많으면 물녹말을 조금 넣어 조절한다.

sha la xiā rén
沙拉蝦仁
사라하인

:: 사라소스 만들기

1. 양파, 파슬리는 곱게 다진다. (그림 ①)
2. 먼저 생크림과 설탕, 소금, 레몬파우더를 넣어 섞어서 혼합한다. (그림 ②~④)
3. 다진 양파와 파슬리를 넣어 혼합한다. (그림 ⑤~⑥)
4. 마지막에 레몬즙을 짜서 넣고 잘 저어서 사용한다. (그림 ⑦~⑧)

재료 1	재료 2	재료(사라소스)	
중새우 15미	감자채튀김 약간	우유(생크림) $\frac{1}{2}$컵	파슬리(다져서) 1큰술
소금 약간	양상추 약간	소금 1작은술	레몬파우더 2큰술
후추 약간	발사미식초 약간	설탕 3큰술	레몬 $\frac{1}{2}$개
계란 약간	*튀김기름	마요네즈 150g	
녹말 1컵		양파(다진 것) 5큰술	

재료

❶

❷

❸

❹

:: 만드는 방법

1. 새우는 껍질을 벗겨서 등 쪽으로 칼집을 내어 내장을 빼낸 후 물기를 제거해놓는다. (그림 재료)
2. 계란에 된 녹말을 풀어서 튀김반죽을 만든다. (그림 ❶)
3. 튀김기름에 튀김반죽을 입힌 새우를 하나씩 튀겨준다. (그림 ❷)
4. 한번 튀긴 새우는 다시 꺼내서 센 불에 두세 번 노릇하게 튀긴다. (그림 ❸)
5. 바삭하게 튀겨낸 새우를 접시에 담고 미리 만들어 놓은 크림소스를 고루 뿌린다.
   *감자튀김과 발사믹 식초를 마무리에 뿌려준다. (그림 ❹)

*** 부재료 응용하기**

- 양상추는 채로 썰어 물에 담가두어 싱싱할 때 물기를 꼭 짜주고 사용한다.
- 감자는 곱게 채로 썰어서 튀김기름에 노릇하게 튀겨서 크림소스 위에 뿌려준다.
- 발사믹 식초는 중불에 1시간 정도 졸여서 사용한다.

사라소스 만들기

❶

❷

❸

❹

❺

❻

❼

❽

gān pēng xiè rén

干烹蟹腿

깐풍게살(사라게살)

재 료	부재료	조미료(깐풍소스)	
킹크랩다리살 10개	대파 1/2개	고추기름 2큰술	식초 1큰술
계란 흰자 1개	홍고추 반 개	간장, 청주 1작은술	후추, 참기름 약간씩
녹말가루 100g	생강 반 개	육수 5큰술	*튀김기름
	마늘 3개	굴소스, 설탕 2작은술씩	

재료

❶

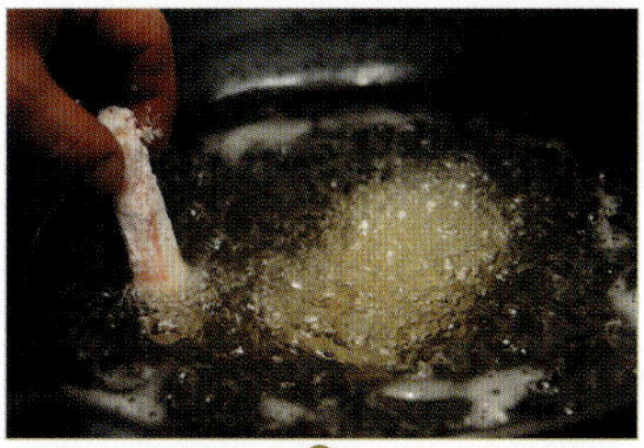

❷

:: 만드는 방법

1. 킹크랩다리살(냉동)은 해동시켜서 물기를 제거하고 부재료의 채소는 곱게 채로 썰어서 준비한다. (그림 재료)

2. 먼저 킹크랩다리살에 녹말가루를 골고루 묻혀서 두 번 정도 눌러 녹말가루가 완전히 붙게 만든다. (그림 ❶)

3. 130℃ 튀김기름에 하나씩 넣어 천천히 노릇하게 튀겨낸다. (그림 ❷)

4. 팬에 고추기름을 두르고 뜨거워지면 먼저 채로 썰어놓은 파, 생강, 마늘, 홍고추를 넣고 간장, 청주로 향을 낸다. 바로 육수와 양념소스를 넣고 튀겨낸 킹크랩다리살을 넣어 빨리 볶아낸다.

*깐풍기소스 만드는 방법과 동일함.

*킹크랩다리살을 같은 방법으로 튀겨 사라소스를 곁들인 沙拉蟹腿(사라게살)

yāo chán wàn guàn xia

腰缠万贯虾

베이컨새우튀김

주재료	부재료
중새우 8마리	브로콜리 100g
베이컨 8쪽	당근 $\frac{1}{4}$개
계란 흰자 약간	셀러리 100g
소금, 후추 약간씩	고수 약간
녹말가루 약간	*튀김기름

재료

❶

❷

:: 만드는 방법

1. 중새우는 꼬리 부분만 남기고 등 쪽으로 칼집을 낸다. 당근, 셀러리는 굵게 채로 썰어서, 브로콜리는 한솔 크기로 준비한다. (그림 재료)

2. 중새우는 하나씩 펴서 청주와 소금 간을 약간 하고 그 안에 썰어놓은 당근과 셀러리를 넣어 계란 흰자와 녹말을 살짝 뿌려준다. (그림 ❶)

3. 베이컨은 기름이 많은 쪽을 잘라내고 새우를 하나씩 말아준다. (그림 ❷)
   *잘 붙지 않은 부분은 녹말 이쑤시개로 꽂아서 고정시킨다.

4. 150℃ 튀김기름에 천천히 튀겨주고 노릇하게 튀겨지면 꼬리가 올라오게 접시에 담는다. 새우 사이에 브로콜리를 살짝 볶아서 장식하고 중앙에 감자튀김을 소복이 담아낸다.

dì dòu cuì xiā
地豆脆虾

띠또새우

재 료	부재료	*크림소스	
중새우 10마리	당근 약간		
감자(곱게 채썰기) 1개	셀러리 약간	*튀김기름	
녹말가루 5큰술	양상추 약간		

재료

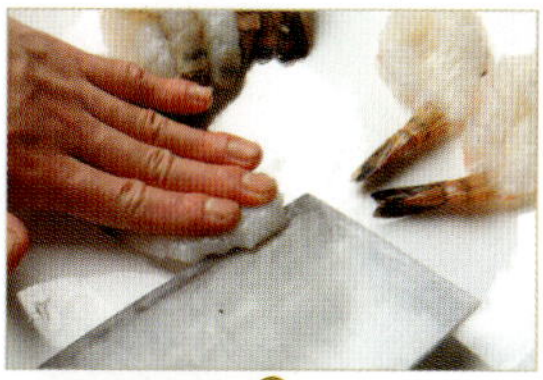

❶

❷

❸

❹

❺

❻

:: 만드는 방법

1. 중새우는 꼬리 부분만 남기고, 당근, 셀러리는 굵은 채로, 감자는 곱게 채로 썰어서 물에 담가놓는다. (그림 재료)

2. 중새우는 등 쪽으로 칼집을 내서 접시에 펴놓고, 소금 간을 새우에 뿌려준다. (그림 ❶~❷)

3. 당근과 셀러리를 새우 속에 넣고 녹말가루를 하나씩 묻힌 다음 감자채를 (물기 제거 후) 하나씩 감아준다. (그림 ❹)

4. 하나씩 잘 감아놓은 새우에 다시 녹말가루를 살짝 뿌려준다. (그림 ❺)

5. 130℃ 튀김기름에 천천히 튀겨서 감자채 색상이 노릇하게 튀겨지면 기름에서 꺼내 접시에 담는다. 취향에 따라 양상추와 크림소스를 곁들여낸다. (그림 ❻)

liu sān sī

溜三絲

류산슬

주재료	부재료	조미료	
불린 해삼 3마리	표고버섯 3장	파기름 3큰술	후추, 참기름 약간씩
중새우살 8마리	죽순 $\frac{1}{4}$개	간장 1큰술	물녹말 2큰술
돼지고기 60g	팽이버섯 $\frac{1}{2}$봉	청주 1큰술	*튀김기름
계란 흰자 약간	부추 약간	육수 2컵	
녹말가루 1큰술	대파 $\frac{1}{2}$개	소금 1큰술	
청주, 소금, 후추 약간씩	마늘, 생강 약간씩	조미료 약간	

재료

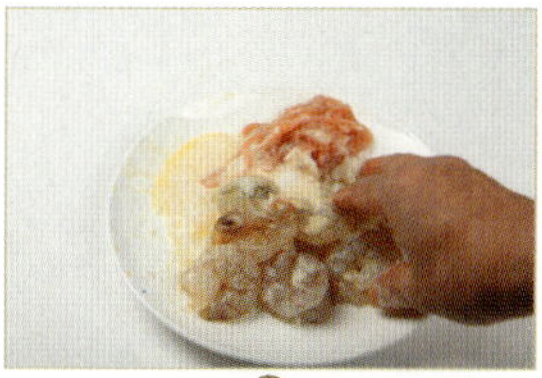
❶

❷

❸

❹

❺

❻

❼

❽

❾

:: 만드는 방법

1. 해삼은 채로 썰고, 중새우는 껍질을 까서 등 쪽으로 칼집을 내고 고기와 채소도 채로 썰어 놓는다. (그림 재료)

2. 먼저 새우와 돼지고기 채를 밑간하여 계란 흰자와 녹말을 묻혀놓는다. (그림 ❶)

3. 팬에 기름을 2컵 정도 붓고 120℃ 정도 올라오면 반죽한 새우와 고기를 넣어 살짝 익혀낸다. (그림 ❷~❸)

4. 먼저 끓는 물에 해삼, 표고, 죽순채를 넣어 데쳐낸다. (그림 ❹)

5. 팬에 파기름을 두르고 뜨거워지면 파, 마늘, 생강을 넣어 볶다가 간장으로 향을 낸다. (그림 ❺)

6. 데쳐낸 해삼, 표고, 죽순, 팽이버섯을 넣고 청주를 넣어 센 불에 볶아주면서 육수를 붓는다. (그림 ❻~❼)

7. 팬에 소스가 끓으면 조미료 간을 한 다음 여기에 튀겨낸 새우와 고기(부추)를 넣는다. (그림 ❽)

8. 모든 재료가 잘 어우러지면 물녹말을 풀어 걸쭉하게 만든 뒤 참기름을 치고 낸다. (그림 ❾)

油爆魷魚花
yóu bào yóu yu hua

오징어살볶음

재 료	부재료	조미료	
물오징어몸살 2마리	죽순 $\frac{1}{4}$개	파기름 2큰술	물녹말 1큰술
	오이 $\frac{1}{4}$개	청주 1큰술	*튀김기름
	목이버섯 3장	육수 $\frac{1}{2}$컵	
	대파 $\frac{1}{2}$개	소금 $\frac{1}{2}$큰술	
	마늘, 생강 약간씩	후추, 참기름 약간	

❶

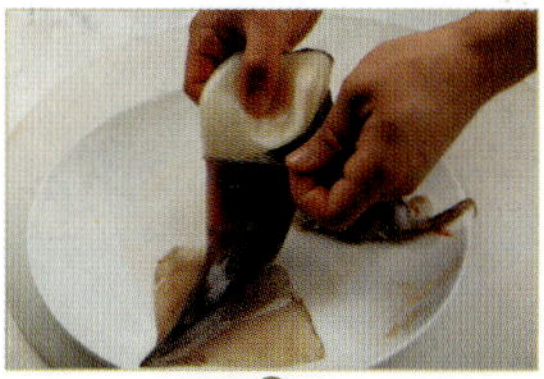
❷

❸

❹

❺

❻

❼

❽

❾

❿

:: 만드는 방법

1. 물오징어는 내장과 껍질을 제거하여 몸살만 사용한다. (그림 ❶~❷)

2. 먼저 오징어몸살 안쪽에 가로로 5cm 정도의 크기에 잔 칼집을 내고, 다시 깊게 얇게 썰어 6cm 크기로 자른다. (그림 ❸~❹)
   *잔 칼집을 내어 그림 ❻ 형태로 만든다.

3. 부재료의 채소는 편으로 썰어 준비한다. (그림 ❺)

4. 물오징어는 먼저 끓는 물에 데쳐주고, 다시 가열된 기름에 빨리 튀겨낸다. (그림 ❻~❼)

5. 팬에 먼저 파기름을 두르고 뜨거워지면 파, 생강, 마늘을 넣어 향을 내고, 바로 육수를 부어 조미료로 간을 한다. (그림 ❽~❾)

6. 팬에 소스가 끓으면 물녹말을 풀고, 살짝 튀겨낸 물오징어를 넣어 버무려서 낸다. (그림 ❿)

suàn tái yóu yu tòu
蒜苔魷魚頭

오징어마늘종볶음

주재료	부재료	조미료	
물오징어다리 2개분	대파 $\frac{1}{2}$개	파기름 1큰술	후추, 참기름 약간씩
마늘종 500g	마늘, 생강 약간씩	청주 1큰술	물녹말 1큰술
		육수 $\frac{1}{2}$컵	*튀김기름
		소금 1큰술	

❶

❷

❸

❹

❺

❻

❼

❽

❾

:: 만드는 방법

1. 물오징어다리 2개 분량과 마늘종 500g 정도를 준비한다. (그림 ❶)
2. 오징어다리를 펴서 칼로 문질러 이물질을 깨끗이 제거한다. (그림 ❷)
3. 물오징어다리와 마늘종은 길이 6cm 정도로 썰고, 대파는 굵은 채로 마늘과 생강은 편으로 썰어서 준비한다. (그림 ❸)
4. 팬에 물을 끓여서 먼저 마늘종을 데치고 바로 오징어다리를 살짝 데친다. (그림 ❹~❺)
5. 물에 데친 재료를 조리로 받쳐서 물기를 제거 후 다시 뜨거운 튀김기름에 한번 튀겨서 기름조리에 담아낸다. (그림 ❻~❼)
6. 기름을 따라낸 팬에 먼저 파, 마늘, 생강을 넣고, 청주로 향을 낸 뒤 육수를 부어 조미료 간을 한다. (그림 ❽)
7. 팬에 소스가 끓어오르면 튀겨낸 재료를 넣어 볶아주면서 물녹말을 약간 풀고, 참기름을 치고 볶아 낸다. (그림 ❾)

완성

중국특선명요리

肉類(육류)

獅子丸子
사자완자

松茸牛肉片
송이우육편

糖醋肉
탕수육

南煎丸子
난자완즈

京醬肉絲
경장육사

珍珠丸子
진주완자

椒塩排骨
갈비튀김

초염가루 만들기

青菜牛肉
청채우육

豆豉牛肉
두시우육

咕嚕肉
구로육

京都排骨
경두갈비

鍋包肉
궈바로

魚香肉絲
어향육사

東坡肉
동파육

gū lu ròu

咕噜肉

구로육

주재료	부재료	조미료	
돼지고기 200g	양파 $\frac{1}{4}$개	간장 1작은술	설탕 3큰술
계란 $\frac{1}{2}$개	피망 $\frac{1}{2}$개	청주 1큰술	토마토케첩 5큰술
녹말 $\frac{1}{2}$컵	완두콩 약간	육수(또는 물) $\frac{1}{2}$컵	물녹말 약간
생강즙 1작은술	파인애플 2쪽	식초 1큰술	*튀김기름
청주, 간장 1작은술		스테이크소스 1큰술	

재료

❶

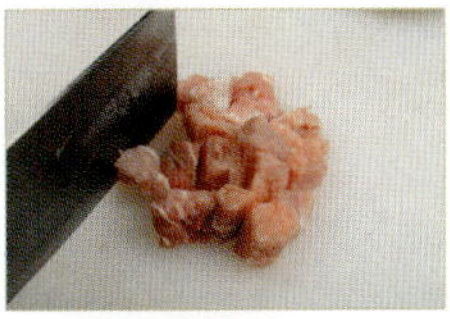
❷

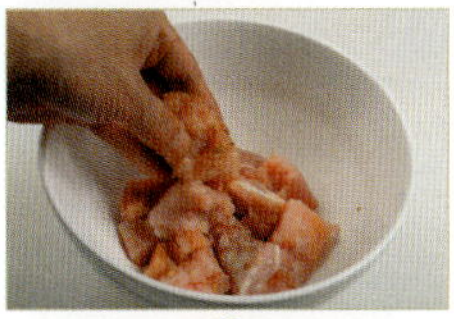
❸

❹

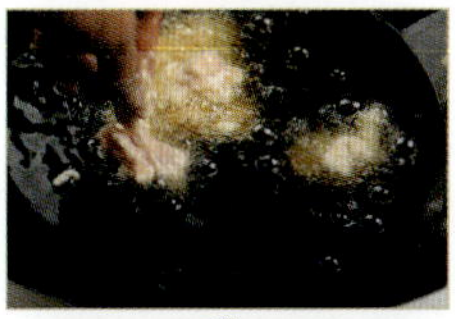
❺

❻

❼

❽

❾

❿

:: 만드는 방법

1. 양파, 피망, 파인애플은 삼각 모양으로 썰고, 생강은 곱게 다져 놓는다. (그림 재료)

2. 돼지살코기는 연하게 칼집을 넣어 사방 3cm 크기의 사각형으로 썰어 놓는다. (그림 ❶~❷)

3. 고기에 생강즙과 간장, 청주를 넣어 밑간한 뒤 계란과 된 녹말로 반죽하여 버무려 준다. (그림 ❸~❹)

4. 160℃의 튀김기름에 하나씩 튀긴다. (그림 ❺~❻)

5. 한번 튀겨준 뒤 다시 꺼내서 다시 두세 번 바삭하게 튀겨낸다. (그림 ❼)

6. 팬에 기름을 두르고 뜨거워지면 먼저 생강(다진 것)과 청주로 향을 내고 모든 채소를 넣어 볶는다. (그림 ❽)

7. 바로 육수를 붓고 여기에 조미료소스를 차례로 넣어 끓인다. (그림 ❾)

8. 물녹말로 걸쭉하게 하여 튀긴 돼지고기를 넣고 버무려낸다. (그림 ❿)

jīng dū pái gū

京都排骨

경두갈비

주재료
돼지갈비 600g
생강 1쪽
(*반은 채로 썰어서 볶을 때 사용)
대파 1대
(*$\frac{1}{3}$은 채로 썰어서 볶을 때 사용)
팔각, 산초 약간씩
청주 1큰술
간장 1큰술
녹말가루 5큰술

조미료
육수(또는 물) $\frac{1}{2}$컵
간장 $\frac{1}{2}$큰술
청주 1큰술
케첩 5큰술
설탕 5큰술
식초 2큰술
물녹말 약간
*튀김기름

재료

❶

❷

❸

❹

❺

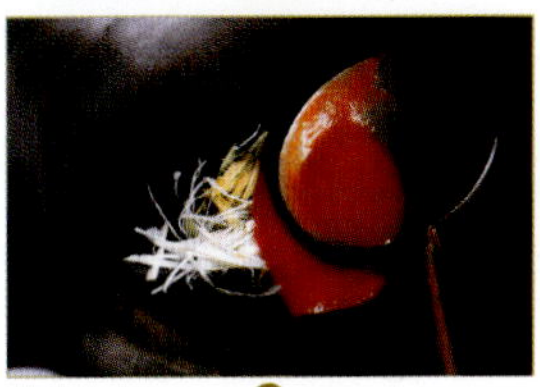
❻

❼

:: 만드는 방법

1. 돼지갈비는 길이 6~7cm 정도 크기로 준비하고, 주재료의 향신료 및 대파, 생강도 준비한다. (그림 재료)

2. 그릇에 갈비를 담고, 주재료의 양념을 넣어 대파, 생강과 같이 밑간하여 30분간 재워 둔다. (그림 ❶)

3. 밑간한 갈비를 물기를 제거하고 녹말가루에 하나씩 묻혀서 놓는다. (그림 ❷)

4. 160℃ 튀김기름에 돼지갈비를 바삭하게 튀겨낸다. 튀겨낸 갈비와 채로 썬 대파, 생강을 준비한다. (그림 ❸~❹)

5. 팬에 기름을 두르고 먼저 파채와 생강채를 넣어 향을 낸다. (그림 ❺)

6. 간장, 청주로 향을 내고, 바로 케첩을 넣고 볶다가 육수와 조미료 간을 한다. (그림 ❻)

7. 팬에 소스가 끓으면 튀겨낸 갈비를 넣고 소스가 스며들게 볶은 뒤 물녹말을 약간 넣어 버무려낸다. (그림 ❼)

guo bāo ròu

鍋包肉

귀바로

재료 1	소스		
돼지등심 250g	기름 1큰술	식초 4큰술	
녹말 1컵	육수(또는 물) $\frac{1}{2}$컵	소금 2작은술	
소금 1작은술	청주 1큰술	녹말물 1큰술	
기름 1큰술	설탕 6큰술	*튀김기름	
생강 약간(다진 것)	케첩 2큰술		

재료

❶

❷

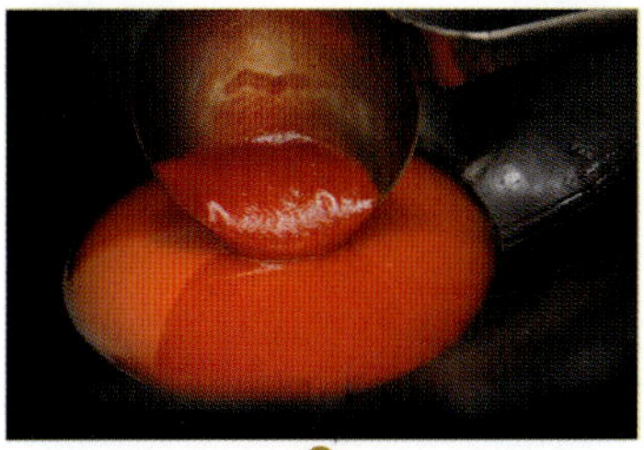

❸

:: 만드는 방법

1. 돼지등심은 두께 0.3cm 정도로 썰어 물에 담가두어 핏물을 제거하고 소금으로 밑간을 해놓는다.

2. 녹말가루를 그릇에 담아 물로 걸쭉하게 반죽한 뒤 기름을 1큰술 넣어 묽게 반죽한다. (그림 ❶)

3. 얇게 썬 돼지고기를 반죽한 녹말에 하나씩 묻혀 160℃ 튀김기름에 바삭하게 튀겨 준다. (그림 ❷)

4. 팬에 기름을 1큰술 두르고 다진 생강을 넣고 바로 육수를 붓는다. 여기에 설탕, 케첩, 식초, 소금을 넣고 끓으면 물녹말을 풀어 걸쭉하게 만든 뒤 미리 담아낸 튀김 고기에 소스를 고루 끼얹어 낸다. (그림 ❸)
   *팬에 소스를 만든 뒤 넙죽하게 튀겨낸 고기를 넣고 빨리 버무려내기도 한다.

yu xīang ròu sī

魚香肉絲

어향육사

재료 1	부재료	조미료(순서대로)	
돼지고기 150g	피망(셀러리) $\frac{1}{2}$개	고추기름 2큰술	후추 약간
계란 $\frac{1}{2}$개	죽순 $\frac{1}{4}$개	간장 1작은술	참기름 약간
녹말 1큰술	홍고추 1개	청주 1큰술	*튀김기름 약간
생강즙 1작은술	목이버섯 10장	두반장 $\frac{1}{2}$큰술	
간장 1작은술	대파 1개	육수 반 컵	
	마늘 5쪽	굴소스 $\frac{1}{2}$큰술	
	생강 $\frac{1}{2}$쪽	식초, 설탕 1큰술씩	

재료

❶

❷

❸

❹

❺

❻

❼

❽

❾

❿

⓫

:: 만드는 방법

1. 부재료의 피망(셀러리), 죽순, 홍고추, 목이버섯는 채로 썰고, 대파, 마늘과 생강도 곱게 채 썰어 놓는다. (그림 재료)

2. 돼지고기는 얇게 저며서 5cm 길이로 가늘게 채로 썰어 간장, 생강즙으로 밑간을 들게 한 다음 계란과 된 녹말을 넣고 잘 버무린다. (그림 ❶)

3. 팬에 고기가 잠길 만큼의 기름을 넣고 120℃의 중불에서 천천히 튀겨(익혀)낸다. (그림 ❷~❸)

4. 고기가 서로 달라붙지 않게 튀겨서 기름 조리에 붓는다. (그림 ❹~❺)

5. 팬에 고추기름을 두르고 뜨거워지면 파와 마늘, 생강을 넣고 볶다가 간장, 청주를 넣어 향을 낸다. (그림 ❻)

6. 나머지 채소와 두반장을 넣어 볶아준다. (그림 ❼~❽)

7. 채소가 익으면 육수를 붓고 조미료 굴소스, 식초, 설탕, 후추로 간을 맞춘다. (그림 ❾)

8. 여기에 익혀낸 고기를 넣어 같이 볶다가 물녹말를 약간 풀고, 참기름을 넣어 버무려 낸다. (그림 ❿~⓫)

dōng po ròu

東坡肉
동파육

*東坡肉(동파육)

송나라 元祐(원우)시기 蘇東坡(소동파)가 두 번째로 杭州(항주)에 와서 임직을 맡을 때 西湖(서호)의 공사가 성공리에 마무리되어 백성들이 보내온 돼지고기와 紹興黃酒(소흥황주) 등 선물을 받아 조리사에 명하여 자기의 조리방법으로 만들어 민간인들에게 돌려보내 맛을 보게 하여 요리이름이 東坡肉(동파육)이라 전해져왔다 한다. 소동파는 고기조리방법에 상당한 연구와 경험을 통해 "慢著火, 小著水, 火後足時它自美(물을 적게 넣어 중불에 천천히 익혀내면 그 맛이 더욱 부드럽고 향기가 돈다)"라는 조리비법을 창안하였다. 현대 항주의 일류요리사들은 이런 기초적인 조리법을 통해 더욱 발전하게 되었고 또한 항주의 名酒인 소흥주를 이용하여 小著水(물을 적게 넣어) 조리하는 방법으로 이 요리의 맛과 향은 더욱 발전되었다.

재료 1
돼지삼겹살 500g
대파 1대
생강 1쪽
팔각 2쪽

재료 2(묻히는 양념)
토마토케첩 1큰술
해선장 1큰술

재료 3
청경채 150g
고수 약간

동파육간장소스
육수 3컵
간장 반컵
청주 2큰술
조미료, 후추 약간씩
설탕 2큰술
로추 1큰술

조미료
파기름 1큰술
육수 $\frac{1}{3}$컵
간장 1작은술
청주 1큰술
굴소스 1큰술
조미료, 후추 약간씩
로추 1큰술
참기름 약간
녹말 1큰술
*튀김기름

재료

❶

❷

❸

❹

❺

❻

❼

❽

❾

❿

⓫

⓬

⓭

:: 만드는 방법

1. 돼지삼겹살은 사방 4cm 정도로 토막 내어 끓는 물에 20분간 삶아낸다. (그림 ❶~❸)
2. 실로 십자 모양으로 하나씩 잘 묶어준다. (그림 ❹)
3. 그릇에 재료 2를 혼합하여 삼겹살에 발라준다. (그림 ❺~❻)
4. 뜨거운 기름에 갈색이 나게 튀겨낸다. (그림 ❼~❽)
5. 그릇에 한번 튀겨낸 삼겹살을 담고, 팬에 동파육 간장소스를 끓여서 고기가 잠길 정도로 붓는다. (그림 ❾)
6. 대파와 생강, 팔각을 간장소스에 띄워준다. (그림 ❿)
7. 찜통에 50분간 찐다. (그림 ⓫)
8. 청경채는 끓는 물에 데쳐서, 팬에 살짝 볶아 접시 안쪽으로 돌려가며 담아놓는다. *p.154 청경채 볶는 방법 참고.
9. 잘 쪄낸 삼겹살은 한 쪽씩 꺼내서 청경채 안쪽에 소복이 담아낸다.
10. 팬에 파기름을 두르고 뜨거워지면 육수(간장소스)를 넣고 조미료 간을 다시 하고, 물녹말로 약간 걸쭉하게 만든 뒤 동파육에 조금씩 끼얹어 낸다. (그림 ⓬~⓭)

zhēn zhū wán zǐ
珍珠丸子
진주완자

재료 1	부재료	조미료
고기(다진 것) 200g	표고버섯 2장	간장 1작은술
찹살 500g	죽순 $\frac{1}{4}$개	청주 1큰술
계란 $\frac{1}{2}$개	양송이버섯 2개	조미료, 후추 약간
녹말 $\frac{1}{2}$컵	대파 $\frac{1}{2}$대	파기름 1큰술
	생강 약간	참기름 약간

재료

❶

❷

❸

❹

❺

❻

❼

:: 만드는 방법

1. 돼지고기와 부재료의 채소는 곱게 다지고, 찹쌀은 물에 미리 30분간 담가서 준비한다. (그림 재료)

2. 그릇에 곱게 다진 채소를 같이 넣고 먼저 생강, 간장, 청주, 후추로 밑간하여 둔다. (그림 ❶~❷)

3. 양념한 고기에 계란, 된 녹말을 넣어 잘 치대어 반죽하고 마지막에 파기름과 참기름을 넣어 버무려준다. (그림 ❸~❹)

4. 잘 불린 찹쌀을 물기를 제거하고 큰 접시에 평평히 담아 4cm 정도 크기의 완자를 하나씩 떼어서 찹쌀 위에 놓는다. (그림 ❺)

5. 찹쌀이 잘 묻도록 하나씩 굴려서 찜통에 담아 끓은 찜통에 10분간 쪄낸다. (그림 ❻~❼)

완성

jiāo yán pái gū

椒塩排骨

갈비튀김

:: 초염가루 만들기

1. 먼저 기름 없는 팬에 재료 1의 향신료를 넣는다. (그림 ❶)
2. 팬에 온도를 약하게 하고 골고루 타지 않게 볶는다. (그림 ❷)
3. 잘 볶은 향신료를 볼에 넣어 여기에 맛소금을 넣고 곱게 으깨준다. (그림 ❸)
4. 잘 으깬 향신료는 고은 조리에 내려 걸려준다. (그림 ❹~❺)

* 이 향신료가루는 요리에 살짝 뿌려주기도 하고, 튀김요리에 찍어먹을 수 있게 내기도 한다.

주재료	돼지갈비양념소스	조미료	재료 1
돼지갈비 400g	간장 1큰술	참기름 약간	월남고추 5개
	청주 2큰술	홍고추, 실파 약간씩	산초 1큰술
	생강 1쪽	향신가루 1작은술	통후추 1작은술
	팔각 2쪽	*튀김기름	**재료 2**
	녹말가루 5큰술(튀길 때 사용)		맛소금 3큰술

재료

❶

❷

❸

:: 만드는 방법

1. 월남고추, 정향, 통후추는 팬에 살짝 볶아 낸 뒤 곱게 다져서 여기에 소금과 조미료를 넣어 같이 섞어서 준비한다. (그림 재료)
*향신가루 만들기 참고.

2. 돼지갈비는 길이 6~7cm 정도 두께 2~2.5cm 크기로 준비하여 물에 담가 핏물을 제거한 뒤 생강즙, 간장, 청주로 밑간하여 팔각, 파, 후추를 넣고 30분간 재운다. (그림 ❶)

3. 밑간한 돼지갈비는 하나씩 녹말가루에 묻혀서 놓는다. (그림 ❷)

4. 170℃ 튀김기름에 녹말에 묻혀낸 돼지갈비를 2~3번 정도 바삭하게 튀긴다. (그림 ❸)

5. 팬에 기름을 약간 두르고 뜨거워지면 튀겨낸 갈비를 넣고 향신가루를 살짝 뿌린 후 참기름을 치고 두세 번 빨리 볶아낸다.

※ 홍고추와 파는 가늘게 썰어서 뿌리거나 볶을 때 넣어준다.

초염가루 만들기

재료

❶

❷

❸

❹

❺

qīng cài niu ròu

青菜牛肉

청채우육

재료 1	재료 2	조미료(순서대로)	
쇠안심 250g	청경채 150g	파기름 1큰술	로추 약간
청주, 간장 1작은술씩	생강(다진 것) 약간	간장,청주 1큰술	물녹말 1큰술
계란,녹말 약간씩		육수 $\frac{1}{2}$컵	참기름 약간
		굴소스 1큰술	*튀김기름
		조미료, 후추 약간	

재료

❶

❷

❸

❹

❺

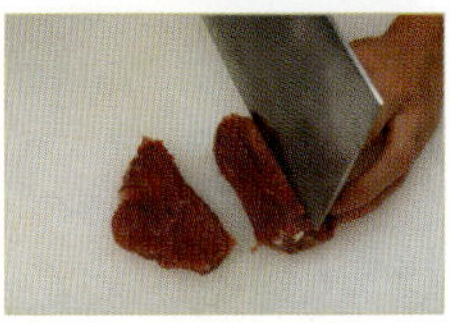
❷-1

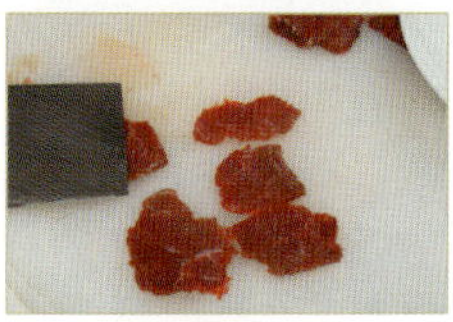
❷-2

❷-3

❷-4

❷-5

❷-6

❷-7

❷-8

❷-9

:: 만드는 방법

1. 청경채는 깨끗이 씻어서 끓는 물에 살짝 데쳐낸 뒤 4등분(작은 것은 2등분)으로 잘 라서 팬에 기름을 두르고 청경채를 넣어 살짝 볶는다. 육수를 넣고 소금 간 하여 팬에 물이 많으면 약간 따라내고 물녹말로 부드럽게 만든다. (그림 ❶~❺)
2. 쇠안심은 넓적하게 편으로 썰어서(약간 두껍게) 평평하게 눌려준다. (그림 ❷-1~❷-2)
3. 한 쪽씩 간장, 청주에 밑간하여 계란과 녹말(로추)과 같이 버무려준다. (그림 ❷-3)
4. 먼저 팬에 고기가 잠길 정도의 기름을 넣어 뜨거워지면 중불에 쇠안심을 익혀낸다. (그림 ❷-4~❷-5)
5. 팬에 파기름을 두르고 뜨거워지면 먼저 생강(다진 것), 간장, 청주를 넣어 향을 낸다. (그림 ❷-6)
6. 팬에 육수를 부어 굴소스, 조미료, 후추로 간을 한다. 소스가 끓으면 물녹말로 걸쭉하게 만든다. (그림 ❷-7)
7. 소스에 미리 익혀낸 쇠안심을 소스에 넣어 버무려주면서 참기름을 치고 보기 좋게 청경채에 담아낸다. (그림 ❷-8~❷-9)

※ 老頭抽(로두추)는 색이 짙은 중국 간장의 소스 종류로 맛의 간을 내기보다는 요리의 진한 빛과 색채를 내기 위해 많이 사용하고 있다.

dòu chǐ niu ròu

豆豉牛肉

두시우육

주재료	부재료	조미료(순서대로)	
쇠안심살 350g	양파 100g(*채로 썰어서 준비)	고추기름 2큰술	후추, 설탕 약간씩
계란 $\frac{1}{2}$개	청, 홍고추 $\frac{1}{2}$개씩	간장 1작은술	로추(중국진간장) 약간
녹말 1큰술	대파 $\frac{1}{4}$개	청주 1큰술	물녹말 1큰술
생강즙 1작은술	마늘 3쪽	육수 $\frac{1}{2}$컵	참기름 약간
간장 1작은술	생강 약간	굴소스 1작은술	*튀김기름(버터 약간)
후추 약간		블랙빈 1큰술	

재료

❶

❷

❸

❹

❺

❻

❼

:: 만드는 방법

1. 쇠안심은 편으로 썰어서 간장, 청주로 밑간하여 계란과 녹말을 넣어 버무린다.
   *p.155 쇠안심 전처리 과정 참고.

2. 양파는 채 썰고, 대파, 청, 홍고추는 송송 썰고 마늘과 생강은 곱게 다져놓는다. (그림 재료)

3. 팬에 고추기름을 두르고 다진 채소와 간장, 청주를 넣어 볶는다. (그림 ❶)

4. 바로 마늘콩(블랙빈)소스를 넣고, 향이 나게 볶아준다. (그림 ❷)

5. 육수를 넣어 조미료(굴소스, 설탕, 후추) 간을 하고 물녹말을 넣어 걸쭉하게 만든다. (그림 ❸)

6. 전처리 과정으로 익혀낸 쇠안심을 넣는다. (그림 ❹)

7. 소스와 같이 잘 버무려주며 참기름을 넣어 마무리한다. (그림 ❺)

8. 뜨겁게 달군 철판에 버터를 바른 뒤 양파를 덮고 위에 쇠안심블랙빈소스를 담는다. (그림 ❻~❼)

shī zǐ wán zī
獅子丸子
사자완자

재료 1	재료 2	재료 3	
돼지고기(다진 것) 350g	표고버섯 2장	배추, 시금치 약간씩	조미료 약간
계란 $\frac{1}{2}$개	죽순 $\frac{1}{4}$개		후추 약간
녹말 $\frac{1}{2}$컵	물밤, 당근 약간씩	**중탕소스**	녹말물 1큰술
생강즙 1작은술	대파 $\frac{1}{2}$대	육수 2컵	참기름 약간
간장 1큰술	생강 $\frac{1}{2}$쪽	간장 5큰술	*튀김기름
청주 1큰술		청주 2큰술	
후추 약간		굴소스 1큰술	

❶

❷

❸

❹

❺

❻

❼

완성

:: 만드는 방법

1. 다진 돼지고기는 재료 1과 재료 2를 곱게 다져서 생강즙, 간장, 청주, 후추를 넣어 밑간을 한 뒤 계란, 녹말을 넣고 잘 치대어 반죽해 놓는다. (그림 ❷~❸)

2. 둥근 완자를 7cm 크기로 만들어 뜨거운 기름에 노릇하게 튀겨준다. (그림 ❹~❺)

3. 팬에 중탕소스를 끓여서 튀겨낸 완자를 탕그릇에 붓고 여기에 배추를 길게 썰어서 탕그릇 안에 두르고 중탕으로 40분간 쪄낸다. (그림 ❻~❼)

4. 잘 쪄낸 완자와 배추는 하나씩 건져서 접시에 보기 좋게 담는다. 다시 팬에 그릇에 남은 소스를 붓고 끓여서 시금치를 넣어 끓으면 물녹말로 걸쭉하게 소스를 만들어 약간 끼얹는다.

sōng róng niu ròu piàn
松茸牛肉片

송이우육편

주재료	부재료	조미료	
쇠안심 150g	자연송이 100g	파기름 1큰술	조미료, 후추 약간
청주, 간장 1작은술	대파 $\frac{1}{2}$대	육수 $\frac{1}{2}$컵	로두추 약간
계란, 녹말 약간씩	마늘 3쪽	간장, 청주 1큰술	물녹말 1큰술
	생강 약간	굴소스 1큰술	참기름 약간
			튀김기름 2컵

재료

①

②

③

④

⑤

⑥

⑦

⑧

⑨

⑩

⑪

∷ 만드는 방법

1. 자연송이(냉동)는 편으로 썰고, 대파는 굵은 채로 마늘은 편으로, 생강은 다져서 놓는다. (그림 ①)

2. 쇠안심은 넓적하게 편으로 썰어서(약간 두껍게) 한 쪽씩 간장, 청주에 밑간하여 계란과 녹말을 넣어 버무려 놓는다. (그림 ②~③)

3. 먼저 팬에 고기가 잠길 정도의 기름을 넣어 뜨거워지면 중불에 쇠안심을 익혀낸다. (그림 ④~⑤)

4. 자연송이는 끓는 물에 살짝 데쳐서 준비한다. (그림 ⑥)

5. 팬에 파기름을 두르고 뜨거워지면 파, 마늘, 생강을 넣어 볶다가 간장, 청주를 넣어 향을 낸다. (그림 ⑦~⑧)

6. 바로 물에 데친 자연송이를 넣어 볶는다. (그림 ⑨)

7. 여기에 육수를 붓고 조미료 굴소스, 후추로 간을 한다. (그림 ⑩)

8. 소스가 끓으면 물녹말로 걸쭉하게 한 뒤 미리 익혀낸 쇠안심을 넣고 자연송이와 같이 버무려서 참기름을 치고 볶아낸다. (그림 ⑪)

táng cù ròu
糖醋肉
탕수육

재료 1	부재료	조미료	*튀김기름
돼지고기 250g	당근, 양파 $\frac{1}{4}$개	간장 1큰술	
계란 $\frac{1}{2}$개	오이 $\frac{1}{4}$개	청주 1큰술	
녹말 $\frac{1}{2}$컵	목이버섯 5장	육수(또는 물) $\frac{3}{4}$컵	
생강즙 1작은술	완두콩 10g	설탕 5큰술	
간장, 청주 1작은술	파인애플, 체리 약간씩	식초 2큰술	
	대파, 생강 약간씩	녹말물 1큰술	

재료

❶

❷

❸

❹

❺

❻

❼

:: 만드는 방법

1. 대파, 당근, 양파, 오이는 어슷 굴려서(또는 편으로) 썰고, 목이버섯은 물에 불려서 먹기 좋은 크기로 뜯어 놓고, 생강은 곱게 다져놓는다. (그림 재료)

2. 돼지고기는 길이 4cm 두께 1cm 정도의 길이로 썰어 생강즙, 간장으로 밑간을 해 놓는다. (그림 ❶)

3. 밑간해 놓은 돼지고기에 계란과 된 녹말을 넣어 반죽해서 튀김옷을 골고루 묻혀 놓는다. (그림 ❷~❸)

4. 160℃의 튀김기름에 한 쪽씩 튀긴 뒤 다시 두 번 정도 반복하여 바삭하게 잘 튀겨낸다. (그림 ❹~❺)

5. 팬에 기름을 두르고 뜨거워질 때 파, 생강을 넣어 볶다가 간장, 청주로 향을 내고 채소를 같이 넣어 볶는다. (그림 ❻)

6. 여기에 육수를 붓고, 설탕, 식초로 간을 한 뒤 소스가 끓으면 물녹말을 조금씩 넣는다. 걸쭉해지면 튀긴 고기를 넣어 버무려서 낸다. (그림 ❼)

nán jiān wán zǐ

南煎丸子

난자완즈

주재료
돼지고기(다진 것) 150g
계란 $\frac{1}{2}$개
녹말 $\frac{1}{2}$컵
생강즙 1작은술
간장 1작은술
후추 약간

부재료
표고버섯 3장
죽순 $\frac{1}{4}$개
양송이버섯 2개
피망 $\frac{1}{2}$개
대파 $\frac{1}{2}$대
완두콩 10g
마늘 3쪽
생강 $\frac{1}{2}$쪽

조미료
간장, 청주 1큰술
굴소스(소금) 2작은술
조미료 약간
육수(또는 물) 1컵
후추 약간
녹말물 1큰술
참기름 약간
*튀김기름

①

②

③

④

⑤

⑥

⑦

⑧

⑨

⑩

⑪

:: 만드는 방법

1. 돼지고기는 곱게 다져서 생강즙, 간장, 청주, 후추를 넣어 밑간을 한 뒤 계란, 녹말을 넣고 잘 치대어 반죽해 놓는다.
(그림 ②~⑥)

2. 표고, 죽순, 피망, 대파은 4cm 크기의 편으로 썰고, 양송이와 마늘도 얇은 편으로, 생강은 곱게 다져서 놓는다. (그림 ①)

3. 양념해서 반죽한 고기는 3cm 크기의 완자로 빚어 잘 달군 팬에 살짝 튀긴 후 뒤집어 4cm 정도로 납작하게 눌러서 다시 기름에 넣고 양면이 갈색이 나게 튀긴다.
(그림 ⑦~⑧)

4. 팬에 기름을 두르고 뜨거워지면 대파와 생강, 마늘을 넣고 볶다가 간장, 청주로 향을 내고 채소(피망 제외)를 같이 넣어 볶으면서 육수를 붓는다. 끓으면 간을 맞추고 튀긴 완자를 넣고 중불에 약간 끓인다. (그림 ⑨~⑪)

5. 소스가 적당히 졸여지면 피망을 넣는다. 물녹말을 풀어 넣어 농도가 걸쭉해지면 참기름을 치고 살짝 버무려낸다.

jīng jiàng ròu sī

京醬肉絲

경장육사

주재료	부재료	조미료	
돼지고기 200g	대파 3대	파기름 1큰술	굴소스 1작은술
계란 약간	생강 $\frac{1}{2}$개	간장, 청주 1작은술	참기름 약간
간장, 청주 약간씩	볶음자장 1큰술	육수 $\frac{1}{3}$컵	물녹말 약간
녹말 약간		설탕 1작은술	*튀김기름
		조미료, 후추 약간	

재료

❶

❷

❸

❹

❺

❻

❼

:: 만드는 방법

1. 돼지고기는 가는 채로 썰어 주재료의 간장, 청주로 밑간해 놓는다. (그림 재료)
2. 대파는 깨끗이 씻어서 가는 채로 썰어 물그릇에 10분 정도 담가놓는다. 생강도 가는 채로 썰어서 준비한다. (그림 ❶~❷)
3. 팬에 파기름을 넣어 뜨거워지면 생강채(파 약간)을 넣고 간장, 청주로 향을 낸다. (그림 ❸)
4. 볶음자장을 넣어 볶아준 뒤 육수와 조미료를 넣는다. (그림 ❹)
5. 소스에 물녹말을 조금 풀고, 기름에 살짝 튀겨낸 돼지고기채를 넣는다. (그림 ❺)
   *滑[huá]하는 방법은 어향육사의 조리법 참고(p.147).
6. 자장소스와 고기가 잘 버무려지게 볶아준다. (그림 ❻)
7. 물에 담가놓은 파채를 물기 없이 건져서 접시 가장자리에 소복이 올려 담고, 볶아낸 자장소스 고기를 올려 담는다. (그림 ❼)

※ 돼지고기채를 滑[huá]하는 방법은 중국요리의 전처리방법으로 재료를 보다 부드럽게 만들기 위해 먼저 밑간하여 기름 혹은 물에 살짝 익혀내는 조리방법이다.

※ 이 요리는 주로 중국식 꽃빵(花捲)과 같이 곁들여서 먹는다.

중국특선명요리

鷄, 鴨類

(닭고기, 오리류)

北京烤鴨
북경오리

鍋塌鷄
꿔타기

宮保鷄丁
궁보계정

清炖鷄浮
설화기

椒塩鷄翅
닭날개튀김

菊花鷄
국화 닭고기 레몬소스

guo tā jī
鍋塌鷄
꿔타기

주재료
닭다리살 300g
계란 $\frac{1}{2}$개
녹말 3큰술
생강즙 1작은술
간장 1작은술
청주 1큰술
후추 약간

부재료
죽순 $\frac{1}{4}$개
피망, 홍고추 $\frac{1}{2}$개
대파 $\frac{1}{2}$개
마늘 5쪽
생강 약간

조미료
육수 $\frac{1}{2}$컵
간장 $\frac{1}{2}$큰술
청주 1큰술
설탕, 후추 약간
식초 1큰술
소금 약간
굴소스 $\frac{1}{2}$큰술
물녹말 1큰술
*튀김기름

❶

❷

❸

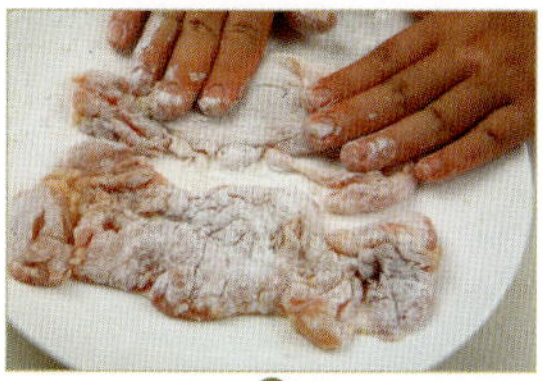
❹

❺

❻

❼

❽

:: 만드는 방법

1. 부재료의 채소는 채로 썰어서 준비한다. (그림 ❶)
2. 닭고기살은 오그라들지 않도록 넓게 펴서 칼집을 넣어 연하게 한다. (그림 ❷)
3. 주재료의 간장, 청주, 후추, 생강즙으로 밑간한다. (그림 ❸)
4. 계란을 조금 바르고 녹말가루를 고루 묻혀준다. (그림 ❹)
5. 뜨거운 팬에 기름을 두르고 한 쪽씩 펴서 지져준다. (그림 ❺)
6. 중불에 앞뒤로 노릇노릇하게 지지듯 튀겨 낸다. (그림 ❻)
7. 팬 한쪽에서 부재료의 파, 마늘, 생강을 먼저 넣고 볶다가 간장, 청주를 넣어 향을 내고 채소를 같이 넣어 볶는다. 여기에 육수를 붓고 굴소스, 설탕, 소금, 식초로 간을 하여 닭살과 함께 뒤집어 주며 소스가 스며들게 한다. (그림 ❼)
8. 간이 밴 닭고기를 건져서 6cm×2cm 정도의 크기로 썰어 접시에 올려 담는다. (그림 ❽)
9. 팬에 남은 채소와 소스에 물녹말을 약간 넣고 닭고기에 고명으로 얹어준다.

gōng bǎo jī dīng
宮保鷄丁
궁보계정

재료 1
닭살코기 250g
깐 땅콩(요과) 50g
간장, 청주, 후추 약간씩
계란 약간
녹말가루 1큰술

부재료
월남고추 10개
피망(셀러리) 1개
생강 약간

조미료
육수 $\frac{1}{2}$컵
청주 1큰술
간장 1작은술
설탕 1큰술
굴소스 1큰술
후추 약간
참기름 약간
고추기름 2큰술
물녹말 1큰술
*튀김기름

재료

❶

❷

❸

❹

❺

❻

❼

❽

❾

❿

⓫

:: 만드는 방법

1. 월남고추는 2cm 크기로 썰어 놓고 피망(셀러리)도 2cm의 크기로 어슷 썰어 끓는 물에 살짝 데쳐서 준비한다. (그림 재료)

2. 닭살코기(뼈 제거)는 사방 2cm 정도로 썰어서 간장, 청주, 후추로 밑간하여 놓는다. (그림 ❶~❸)

3. 밑간한 닭고기에 계란과 된 녹말을 넣어 잘 버무려놓는다. (그림 ❹~❺)

4. 팬에 기름을 닭고기가 잠길 정도로 넣고 뜨거워지면 중불에 닭고기를 넣어 노릇하게 튀긴다. (그림 ❻~❼)

5. 깐 땅콩(요과)도 같이 노릇하게 튀겨서 놓는다.

6. 팬에 고추기름을 두르고 뜨거워지면 마른 고추를 넣어 살짝 볶다가 생강(다진 것)을 넣고 간장, 청주로 향을 내어 땅콩, 셀러리를 넣어 볶는 뒤 바로 육수를 붓는다. (그림 ❽~❿)

7. 소스가 끓으면 굴소스, 설탕, 후추로 간을 한 뒤 물녹말을 풀어 걸쭉하게 농도를 맞추고 튀겨낸 닭고기를 넣고 버무려서 소스가 고루 묻으면 참기름을 치고 볶아낸다. (그림 ⓫)

qīng dùn jī fu
清炖鷄浮
설화기

재료 1	부재료	조미료	*튀김기름
닭다리살 200g	표고버섯 2장	육수 3컵	
계란 흰자 5개	죽순 $\frac{1}{4}$개	청주 1큰술	
녹말 1큰술	당근 약간	소금 1큰술	
소금 약간	대파 $\frac{1}{2}$대	후추 약간	
청주 1큰술	생강 $\frac{1}{2}$쪽	조미료 약간	
생강즙 1큰술		참기름 약간	

재료

❶

❷

❸

❹

❺

❻

❼

❽

:: 만드는 방법

1. 닭다리살은 굵은 채로 썰고, 부재료의 채소는 얇은 편으로, 대파와 생강은 어슷하게 썰어놓는다. (그림 재료)

2. 썰어놓은 닭고기에 소금간과 청주, 생강즙을 넣어 간을 한다. (그림 ❶)

3. 그릇에 계란 흰자 5개를 거품기로 잘 쳐서 거품이 생기도록 만든다. (그림 ❷)

4. 잘 쳐낸 계란 거품에 녹말을 넣어 섞는다. (그림 ❸)

5. 밑간한 달고기를 젓갈로 하나씩 계란 흰자에 묻혀서 120℃ 튀김기름에 튀긴다. (그림 ❹)

6. 기름온도를 너무 높게 올리지 말고 닭고기가 기름 위에 뜨게 천천히 튀긴다. (그림 ❺)

7. 한번 튀겨낸 닭고기를 그릇에 담고 여기에 썰어놓은 채소를 올려 담는다. (그림 ❻)

8. 팬에 조미료소스를 끓여서 그릇에 붓는다. (그림 ❼)

9. 김이 오른 찜통에 30분간 쪄서, 생강을 건져내고 올린다.

jiāo yán jī chī
椒塩鷄翅
닭날개튀김

주재료
닭날개 12개

부재료
양파 $\frac{1}{2}$개
청양고추 1개
생강 $\frac{1}{2}$쪽
산초, 통후추 5g씩

양념재료
청주 1큰술
간장 1큰술
후추 약간
설탕 1작은술
조미료 약간
소금 1작은술
참기름 약간

튀김재료
녹말가루 150g
*튀김기름

재료

❶

❷

❸

:: 만드는 방법

1. 닭날개는 깨끗이 손질하여 뼈 사이에 칼집을 넣어 준비한다. (그림 재료)
2. 먼저 부재료와 양념재료를 넣고 믹서에 곱게 갈아서 닭날개와 같이 잘 버무려 스테인리스 그릇에 담아서 밑간이 들게 30분 정도 재어놓는다. (그림 ❶)
3. 재어낸 닭날개는 하나씩 녹말가루에 묻힌다. (그림 ❷)
4. 150℃ 튀김기름에 하나씩 달라붙지 않게 튀기고, 다시 두 번 정도 바삭하게 튀겨낸다. (그림 ❸)
5. 잘 튀겨낸 닭날개는 그릇에 담기 전에 미리 만든 향신가루를 약간 뿌려주면 좋고, 별도로 소스볼에 따로 낸다.

*초염가루 만드는 방법 참조(p.152).

jú　hua　jī
菊花鷄

국화 닭고기 레몬소스

재 료	부재료	조미료(레몬소스)	
닭가슴살 2쪽(200g)	레몬 1개	식용유 1큰술	식초 1큰술
	생강 약간	청주 1큰술	레몬파우더 3큰술
		물 1컵(레몬즙 섞어서)	물녹말 1큰술
		소금 1작은술	*튀김기름
		설탕 3큰술	

재료

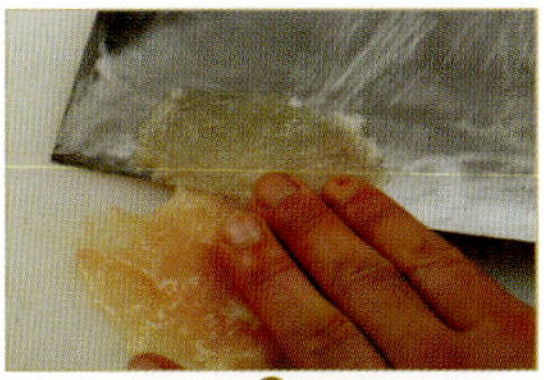
❶

❷

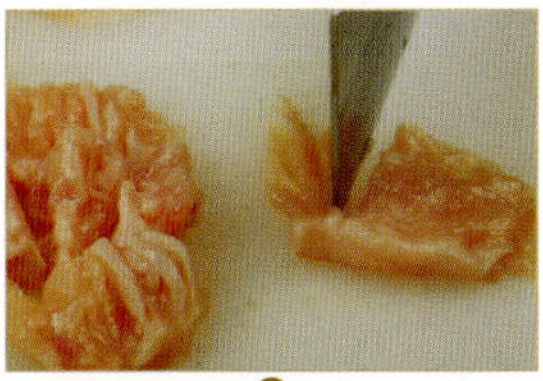
❸

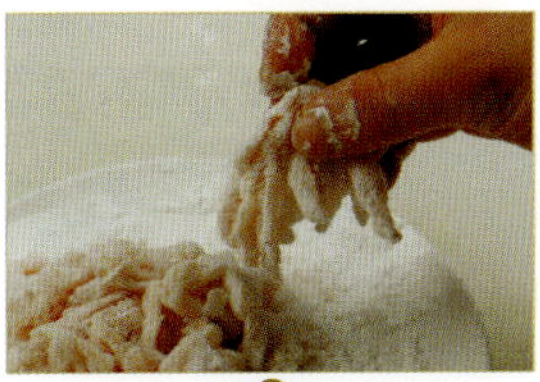
❹

❺

❻

❼

:: 만드는 방법

1. 닭가슴살과 레몬(껍질은 채로 썰고, 즙은 짜서 소스에 넣는다). 생강채도 조금 준비한다. (그림 재료)

2. 닭가슴살을 먼저 얇게 포를 뜨듯 편으로 (밑쪽이 떨어지지) 않게 썬다. (그림 ❶)

3. 닭가슴살을 얇게 4편 정도 썰고 잘라낸다. 이런 모양으로 계속 썰어 놓고 다시 한 쪽씩 펴서 굵은 채로 썰어서 펴지게(앞쪽이 붙어있게) 만든다. (그림 ❷~❸)

4. 하나씩 썰어낸 닭살코기를 찬물에 살짝 담갔다가 꺼내서 물기 제거 후 녹말가루에 한 쪽씩 묻혀 주면서 엉키지 않게 털어서 놓는다. (그림 ❹)

5. 팬에 튀김기름을 올리고 130℃ 온도에서 한 쪽씩 잘 펴서 국화 모양으로 튀겨준 뒤 접시에 담아놓는다. (그림 ❺)

6. 따라낸 기름 팬에 썰어놓은 레몬채와 생강채를 넣고 청주로 향을 내어 바로 물과 레몬소스를 붓는다. 소스가 끓으면 물녹말로 걸쭉하게 만들어 튀겨낸 국화 모양의 닭고기에 끼얹어낸다.

běi jīng kǎo ya

北京烤鴨

북경오리

주재료
오리 1마리

오리속양념
오향분 10g
마늘가루 5g
맛소금 20g

오리 데치는 소스
물 1.8ℓ
소금 $\frac{1}{3}$컵
고량주 100cc
물엿 $\frac{1}{2}$컵
식초 $\frac{1}{2}$컵
물녹말 $\frac{1}{3}$컵

부재료
오리떡 20장
춘장소스, 오이, 대파

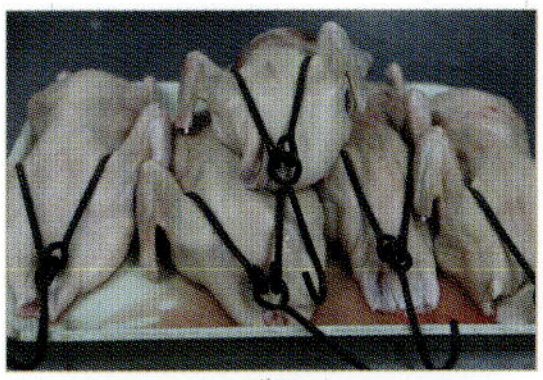
재료

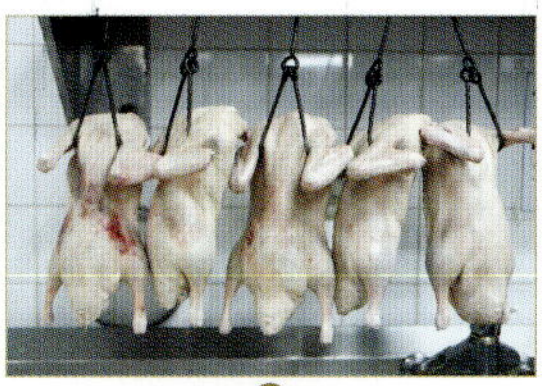
❶

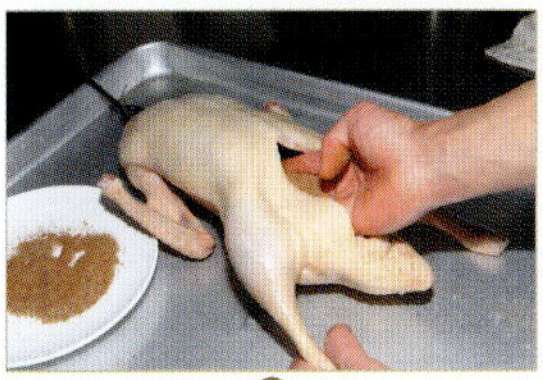
❷

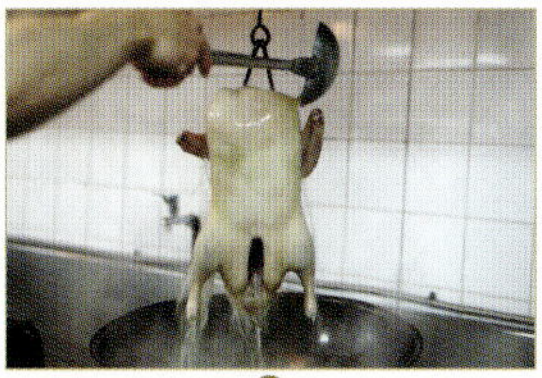
❸

❹

❺

❶-1

❶-2

❶-3

:: 만드는 방법

1. 오리내장의 기름을 제거하고 물에 1시간 정도 담가서 고리로 양 날개 쪽을 걸어서 놓는다. (그림 재료)

2. 오리의 물기를 제거하기 위해 30분 정도 걸어 놓는다. (그림 ❶)

3. 물기가 완전히 제거되면 오리속양념을 혼합하여 손으로 조금씩 안쪽에 골고루 묻혀서 놓고, 20분 뒤 다시 엎어놓는다. (*양념이 고루 스며들도록 한다.) (그림 ❷)

4. 팬에 오리 데치는 소스를 넣고 끓으면 물녹말을 풀어서 걸어놓은 상태에서 소스를 끼얹어 준다. 이때 오리 몸속으로 소스가 들어가지 않게 조심한다. (그림 ❸)

5. 겉옷을 입힌 오리는 선선한 곳에 12시간 정도 말려준다. (그림 ❹)

6. 물과 기름이 빠진 오리는 오리구이통에 넣어 1시간 정도 구워낸다. (그림 ❺)

※ 북경오리 싸 먹는 방법 : 오이와 대파는 채로 썰어놓고, 춘장은 육수를 조금 넣어 (설탕, 참기름 조금씩 넣고) 끓여서 준비한다. 그림 ❶-1부터 ❶-3과 같이 오리 껍질 부위를 2cm 정도 크기로 썰어서 놓고 오리떡에 파, 오이채를 넣어 춘장을 바르고 한 쪽씩 싸서 먹는다.

중국특선명요리

素菜, 雜品類
(채소, 기타류)

松茸蘆筍
송이루순

波蘿炒飯
파라볶음밥

蒸餃子
쯩교자

拔絲土豆
감자빠스

拔絲元宵
찹쌀떡빠스

地三鮮
지삼선

香腸韮菜
향창부추볶음

蛋炒韮菜
부추계란볶음

燒釀茄子
소양가지

枇杷豆腐
피파두부

dì sān xiān
地三鲜
지삼선

재 료	부재료	조미료	
가지 2개	대파 ½개	파기름 2큰술	후추, 설탕 약간씩
감자 1개	생강 약간	간장 1큰술	참기름 약간
청, 홍피망 반 개씩	마늘 3쪽	청주 1큰술	물녹말 1큰술
녹말가루 약간		육수 1컵	*튀김기름
		굴소스 큰술	

재료

❶

❷

❸

❹

❺

❻

❼

❽

:: 만드는 방법

1. 가지, 감자, 청, 홍피망, 대파, 마늘, 생강은 곱게 다져서 놓는다. (그림 재료)

2. 가지는 큼직하게 크게 썰고, 감자는 작고 두툼하게 편으로 썰어서 물에 담가놓는다. (그림 ❶~❷)

3. 큼직하게 썬 가지는 녹말가루를 뿌려주고, 뜨거운 기름에 먼저 튀겨낸다. (그림 ❸~❹)

4. 팬에 파기름을 두르고 뜨거워지면 먼저 부재료를 넣어 볶다가 간장, 청주로 향을 낸다. (그림 ❺)

5. 바로 감자를 넣고 여기에 육수를 부어 천천히 졸인다. (그림 ❻)

6. 감자가 어느 정도 익으면 바로 튀겨낸 가지를 넣고 조미료양념을 넣어 볶는다. (그림 ❼)

7. 맨 나중에 청, 홍피망을 넣고 약간 졸인 뒤 물녹말을 넣어 참기름을 치고 볶아낸다. (그림 ❽)

※ 地三鮮(지삼선) : 지삼선이란 땅에서 생산되는 세 가지 채소를 볶아서 만드는 요리로 중국 일반 가정에서 자주 해 먹는 가정요리다.

xiāng cháng jiu cài

香腸韮菜

향창부추볶음

재료 1	재료 2	조미료	
부추 150g	향창(중국 소시지) 100g	파기름 2큰술	소금 1작은술
생강 $\frac{1}{2}$쪽		조미료 약간	참기름 약간
		후추 약간	*튀김기름 1컵
		청주 1큰술	

재료

❶

❷

❸

❹

❺

❻

❼

❽

:: 만드는 방법

1. 부추는 깨끗이 씻어 6cm 정도의 길이로 자르고, 계란 5개와 생강을 채로 썰어서 준비한다. (그림 재료)
2. 향창은 어슷썰기 하여 얇게 편으로 썬다. (그림 ❶)
3. 팬에 기름을 1컵 정도 두르고 뜨거워지면 먼저 향창을 넣어 튀겨준다. (그림 ❸)
4. 살짝 익혀낸 향창은 먼저 기름조리에 담아 놓는다. (그림 ❹)
5. 다시 팬에 파기름을 두르고 생강채와 부추를 넣고, 청주와 조미료 간을 하면서 빨리 볶아준다. (그림 ❺~❻)
6. 미리 튀겨놓은 향창을 넣어 섞어준다. (그림 ❼)
7. 향창과 부추가 혼합이 잘 되게 볶으면서 참기름을 쳐서 접시에 담는다. (그림 ❼)

※ 香腸[xīang cháng](향창)은 중국 사람들이 즐기는 서양식 소시지와 비슷하며, 중국 사람의 입맛에 맞는 향신료를 첨가하여 다양한 제품을 가공하여 판매하고 있다.

dàn chǎo jiu cài
蛋炒韭菜
부추계란볶음

재료 1	재료 2	조미료	
부추 150g	계란 5개	파기름 5큰술	청주 1큰술
생강 $\frac{1}{2}$쪽	소금 1작은술	조미료 약간	소금 1작은술
		후추 약간	참기름 약간

재료

❶

❷

❸

❹

❺

❻

❼

:: 만드는 방법

1. 부추는 깨끗이 씻어 6cm 정도의 길이로 자르고, 계란 5개와 생강을 채로 썰어서 준비한다. (그림 재료)
2. 그릇에 계란을 잘 풀어서 소금 간을 한다. (그림 ❶)
3. 팬에 기름을 두르고 뜨거워지면 파기름을 3큰술 정도 넣고 풀어놓은 계란을 넣는다. (그림 ❷)
4. 팬에 계란이 눋지 않게 볶으면서 육수 1큰술을 넣어 부드럽게 볶아준다. (그림 ❸)
5. 부드럽게 볶은 계란은 먼저 기름조리에 담아 놓는다. (그림 ❹)
6. 다시 팬에 파기름을 두르고 생강채와 부추를 넣어 청주와 조미료 간을 하면서 빨리 볶아준다. (그림 ❺)
7. 미리 볶아놓은 계란을 넣고 섞어준다. (그림 ❻)
8. 계란과 부추가 혼합이 잘 되게 볶고 참기름을 쳐서 접시에 담는다. (그림 ❼)

shāo niàng qié zǐ

燒釀茄子

소양가지

재료 1
고기(다진 것) 150g

재료 1 양념소스
간장 1큰술
청주 1큰술
굴소스 $\frac{1}{2}$큰술
다진 생강 약간
계란 약간
녹말가루 1큰술

부재료
가지 2개
대파 $\frac{1}{2}$개
생강 약간
마늘 3쪽
홍고추(청량) $\frac{1}{2}$개
녹말가루 5큰술

조미료(어향소스)
고추기름 2큰술
간장 1큰술
청주 1큰술
육수 $\frac{1}{2}$컵
굴소스 큰술
두반장 $\frac{1}{2}$큰술
식초 1큰술
후추, 설탕 약간씩
참기름 약간
*튀김기름

재료

❶

❷

❸

❹

❺

❻

❼

❽

:: 만드는 방법

1. 가지와 다진 돼지고기를 준비한다. 파, 홍고추, 마늘, 생강은 곱게 다져서 놓는다. (그림 재료)

2. 다진 고기에 재료 1 양념조미료를 넣고 계란, 녹말로 고기를 풀어준 뒤 곱게 다진 파, 홍고추를 섞어서 버무린다. (그림 ❶)

3. 가지는 반으로 잘라서 4cm 간격으로 어슷썰기(밑 부분이 떨어지지 않게) 하여 녹말가루를 뿌려준다. (그림 ❷)

4. 가지 사이에 양념한 고기를 속박이로 채워준다. (그림 ❸)

5. 녹말가루를 골고루 뿌려준다. (그림 ❹)

6. 150℃ 튀김기름에 하나씩 튀겨서 완성 접시에 담아 놓는다. (그림 ❺~❻)

7. 팬에 고추기름을 두르고 뜨거워지면 먼저 부재료(송송 썰어)의 채소를 넣어 양념소스에 간장, 청주로 향을 내고, 두반장을 넣어 볶아준다. (그림 ❼)

8. 여기에 육수를 붓고 어향소스를 넣어 간을 한 다음 물녹말로 걸쭉하게 만들어 접시에 담아놓은 가지에 끼얹어낸다.

枇杷豆腐

pí pa dòu fǔ

피파두부

주재료
두부 반 모
새우살 100g
게살 50g

주재료반죽
청주 1큰술
소금, 조미료 약간씩
계란 흰자 1개
녹말 2큰술
발채 5g

부재료
청채 50g
대파 $\frac{1}{2}$개
생강 $\frac{1}{2}$쪽
고수 약간

조미료
파기름 2큰술
간장 1작은술
청주 1큰술
육수 1컵
굴소스 1작은술
후추 약간
참기름 약간
물녹말 1큰술

재료

❶

❷

❸

❹

❺

❻

❼

❽

❾

❿

⓫

∷ 만드는 방법

1. 주재료는 전처리 준비한다. 발채는 물에 담가서 준비한다. (그림 재료)
2. 먼저 새우살을 곱게 으깨주고 두부도 곱게 으깨서(물기 짜서) 그릇에 담아놓는다. (그림 ❶~❷)
3. 게살과 고수를 다져서 섞어 넣고 청주, 소금으로 간한 뒤 계란 흰자와 녹말을 넣어 반죽을 한다. (그림 ❸~❹)
4. 중식용 수저에 기름을 묻히고 두부반죽을 소복이 하나씩 담아서 150℃ 기름에 천천히 노릇하게 튀겨낸다. (그림 ❺~❼)
5. 완성 접시에 튀겨낸 두부를 담고, 청채를 팬에 살짝 볶아서 접시 주위에 장식한다. (그림 ❽)
6. 팬에 다시 기름을 넣고 뜨거워지면 파, 생강(다진 것)을 넣어 간장, 청주로 향을 내고 육수를 부어 여기에 굴소스로 간을 한다. (그림 ❾)
7. 양념소스가 끓으면 불려놓은 발채를 넣고 물녹말을 살짝 풀어 걸쭉한 소스가 되면 미리 담아낸 두부에 골고루 뿌려낸다. (그림 ❿~⓫)

※ 發菜[fā cài](발채) : 머리카락과 같이 가늘고 검정색을 띠고 있는 중국 동북지방 심산에서 나는 산초이다. 흰머리를 검게 해준다는 전설이 있어 원래 명칭은 머리카락 채소로 髮菜라 불렀는데 중국에서는 발음이 發菜[fā cài]와 비슷해 사람들이 듣기 좋게 느끼기 위해 發菜라 한다.

sōng óng lu xún
松茸蘆荀
송이루순

재료 1	재료 2	조미료(순서대로)	
아스파라거스 80g	대파 $\frac{1}{4}$대	파기름 1큰술	소금 2작은술
자연송이 100g	마늘 5쪽	청주 1큰술	후추 약간
	생강 약간	육수 $\frac{1}{2}$컵	물녹말 1큰술
		조미료 약간	참기름 약간

재료

①

②

③

④

⑤

⑥

⑦

⑧

:: 만드는 방법

1. 아스파라거스는 두꺼운 껍질을 벗겨내고 5cm 정도 크기로 썰어 굵게 편으로 썬다. (그림 ①~②)

2. 자연송이(냉동)는 깨끗이 씻어서 편으로 썰어 놓고, 대파는 굵은 채로 썬다. 마늘은 편으로, 생강은 다져서 놓는다. (그림 ③, 그림 재료)

3. 먼저 썰어놓은 아스파라거스는 끓는 기름에 살짝 데쳐주고, 바로 자연송이도 같이 데쳐서 기름조리에 받쳐낸다. (그림 ④~⑤)

4. 팬에 파기름을 두르고 뜨거워지면 대파, 마늘, 생강을 넣고 볶다가 청주로 향을 낸다. 기름에 데쳐낸 아스파라거스와 자연송이를 넣어 살짝 볶은 뒤 육수를 붓고 여기에 소금, 후추, 조미료로 간을 한다. (그림 ⑥~⑦)

5. 소스가 끓으면 여기에 물녹말로 걸쭉하게 푼 뒤 참기름을 치고 낸다. (그림 ⑧)

bo luó chǎo fàn
波蘿炒飯
파라볶음밥

주재료	부재료	조미료
파인애플 $\frac{1}{2}$개	베이컨 70g	식용유 3큰술
백반 1공기	청, 홍피망 $\frac{1}{4}$개씩	맛소금 1큰술
계란(풀어서) 1개	대파 $\frac{1}{4}$개	참기름 약간

재료

❶

❷

❸

❹

❺

❻

❼

:: 만드는 방법

1. 파인애플(골드) 반 개. 베이컨은 작게 썰어서 기름에 한번 튀겨낸다. 채소와 파인애플은 작게 썰어서 준비한다. (그림 재료)
2. 팬에 식용유를 넣고, 팬을 뜨겁게 달군 뒤 계란(풀어서)을 넣고 국자로 계란을 익게끔 볶는다. (그림 ❶)
3. 계란이 골고루 익으면 여기에 맛소금으로 간을 한다. (그림 ❷)
4. 팬에 미리 썰어 놓은 채소와 베이컨을 넣고 볶아준다. (그림 ❸)
5. 여기에 백반을 넣고 국자 뒷면으로 골고루 눌러주며 볶는다. (그림 ❹~❺)
6. 마지막으로 썰어놓은 파인애플을 넣어 버무리듯 볶아주면서 미리 준비한 파인애플 속에 담아낸다. (그림 ❻~❼)

zhēng jiǎo zǐ
蒸餃子
쯩교자

재 료	부재료	조미료(고기속양념)	
돼지고기(다진 것) 500g	배추 1kg	육수 반 컵	조미료, 후추 약간씩
대파 2대	부추 150g	간장 $\frac{1}{4}$컵	참기름 1큰술
생강 1쪽	밀가루(중력) 1kg	청주 $\frac{1}{2}$컵	파기름 5큰술
	끓는 물 반죽(익반죽)	소금 1큰술	

재료

①

②

③

④

⑤

⑥

⑦

⑧

⑨

⑩

⑪

⑫

:: 만드는 방법

1. 부추와 대파는 송송 썰고, 배추는 한 잎씩 떼어 끓는 물에 살짝 데쳐 곱게 다져 놓고, 생강도 다져서 준비한다. (그림 재료)

2. 먼저 그릇에 다진 돼지고기와 파, 생강을 넣고 여기에 조미료(고기속양념)를 같이 넣어 젓가락으로 고기가 풀어지게 저어준다. (그림 ①)

3. 고기가 잘 풀어지면 여기에 다진 배추와 부추를 넣어 만두소를 만든다. (그림 ②)

4. 밀가루 반죽(익반죽)을 미리 만들어 면포에 숙성시킨 후 가래떡처럼 반죽하여 하나씩 떼어 중앙을 평평하게 눌러준다. (그림 ③)

5. 만두밀대로 하나씩 밀어서 8cm 정도의 둥근 만두피를 만든다. (그림 ④~⑤)

6. 만두피에 부추소를 적당히 담아 왼손에 올려놓고 오른쪽 엄지와 두 번째 손가락으로 집어가며 주름을 만들어 만두피에 붙여준다. (그림 ⑥~⑪)

7. 찜통에 담아서 김이 오른 찜통에 7분간 쪄 낸다.

ba sī tǔ dòu
拔絲土豆
감자빠스

주재료	부재료		
감자 2개	식용유 1큰술	(물 1작은술)	
볶은 참깨 약간	설탕 $\frac{1}{2}$컵	*튀김기름	

재료

①

②

③

④

⑤

⑥

⑦

:: 만드는 방법

1. 감자는 껍질을 깎아서 물에 10분간 담가서 사용하고, 설탕도 준비한다. (그림 재료)

2. 먼저 감자를 4등분 내어 다시 다각형으로 썰어서 놓는다. (그림 ①)

3. 120℃ 튀김기름에서 감자를 넣고 중불에서 천천히 튀긴다. (그림 ②)

4. 감자가 노릇하게 될 때까지 튀겨준다. (그림 ③)

5. 팬에 기름을 두르고 온도가 오르면 설탕을 넣어 서서히 녹여 황금색이 나는 시럽이 될 때까지 기다린다. (그림 ④~⑤)

6. 설탕시럽이 황금색이 나게 녹으면 튀겨낸 감자를 넣고 빨리 버무려 낸다. (그림 ⑥~⑦)

*감자에 설탕시럽을 버무릴 때 찬물을 약간 끼얹어 주면 시럽이 감자에 잘 묻는다.

拔絲元宵

ba sī yuán xiāo

찹쌀떡빠스

재료 1

찹쌀떡 10개
볶은 참깨 약간

재료 2

설탕 $\frac{1}{2}$컵
식용유 1큰술
밀가루 약간
(물 1작은술)
*튀김기름

재료

❶

❷

❸

❹

완성

:: 만드는 방법

1. 냉동된 찹쌀떡은 해동을 시킨 뒤 밀가루에 골고루 묻혀서 달라붙지 않게 굴려둔다. (그림 ❶)

2. 먼저 110℃ 튀김기름에서 찹쌀떡을 기름 조리에 담아 중불에서 천천히 튀긴다. (그림 ❷)

3. 찹쌀떡이 조금씩 부풀어가며 튀겨질 때 조리로 건져가며 국자로 조금씩 두들겨가며 노릇하게 튀겨준다. (그림 ❸)

4. 팬에 기름을 두르고 온도가 오르면 설탕을 넣고 서서히 녹인다. 황금색이 나는 시럽이 되면 튀겨낸 찹쌀떡을 넣어 재빨리 버무려낸다. (그림 ❹) (*참깨는 버무릴 때 뿌린다.)

*찹쌀떡에 설탕시럽을 버무릴 때 찬물(1작은술)을 약간 끼얹어 주면 시럽이 찹쌀떡에 잘 묻는다.

최 송 산

저자약력:

◈ 1954년생 조리경력 35년

◈ 1991년 第一回 서울국제요리 金賞

◈ 서울보건대학 조리예술과 출강(1995년~2004년)

◈ 안산공대 호텔조리과 출강(1997년~1999년)

◈ 조리기능장 실기 감독위원 위촉(1999년~)

◈ 공중파, 케이블TV 호텔요리 비법공개 및 전속 출연(1995년~)

◈ 서울프라자호텔 중식조리장(1983년~2003년)

◈ 현대문화센터 전통중국요리 강사(1998년~2006년)

◈ 鳳酒樓 총주방장(2003년~2005년)

◈ 著書 〈최신중국요리〉, 〈식품조각〉 (2002~2006 도서출판 효일)

◈ KBS, SBS, MBC, 공중파 및 EBS 최고의 요리비결 출연

◈ 현 아세아 樓安 조리고문(2006년~)

◈ 현 혜전대학 호텔조리외식과 교수(중식전공장)(2007년~)

◈ 中國青島酒店管理學院交流教授(2008년)

◈ 中國青島 烹飮大師(중국청도조리대사) (2008년 7월)

중국 특선 명요리

발행일	2009년 2월 20일 초판 인쇄 2009년 2월 27일 초판 발행
지은이	최 송 산
발행인	김 홍 용
펴낸곳	도서출판 효일
주 소	서울시 동대문구 용두동 102-201
전 화	02) 928-6644
팩 스	02) 927-7703
홈페이지	www.hyoilbooks.com
e-mail	hyoilbooks@hyoilbooks.com
등 록	1987년 11월 18일 제6-0045호
정 가	22,000원
ISBN	978-89-8489-261-3